KB270703

중국어 길라잡이

한중문화로 배우는 중국어 

중국어 길라잡이

 한중문화로 배우는 중국어

저　　　자	변경숙
발 행 인	윤우상
책임편집	최준명, 윤병호
인 쇄 일	2010년 2월 18일
발 행 일	2010년 3월 2일
발 행 처	송산출판사
주　　　소	서울특별시 서대문구 홍제4동 104-6
전　　　화	(02)735-6189
팩　　　스	(02)737-2260
홈페이지	www.songsanpub.co.kr
E-mail	songsan1@korea.com
등 록 일	1976년 2월 2일 제9-40호

ISBN 978-89-7780-147-9　13720

송산출판사

중국어 길라잡이

한중문화로 배우는 중국어

변 경 숙 지음

송산출판사

머리말

    중국어를 배운다는 것은 책상머리에 앉아 사색하기 위함이 아니다. 또한 늘 "당신은 밥을 먹었습니까?", "당신은 몇 살입니까?" 만을 되풀이하는 초급 수준에 머물러 있기 위함도 아니다. 중국어를 배운다는 것은 곧 배움의 결과를 통해 원활한 소통을 하기 위함이다. 요즘은 예전과 달라 중국어를 사용할 기회가 많다. 중국에 가야만 중국어를 사용할 수 있는 것이 아니라 국내에서도 마음만 먹으면 얼마든지 중국인 친구를 사귈 수 있다. 그렇다면 늘 반복되는 일상의 내용만 늘어놓는다면 발전이란 기대할 수 없을 것이다. 때문에 한층 더 업그레이드 된 중국어를 시도해 볼 필요가 있다.

    얼마만큼 생동적으로 외국어를 구사하느냐는 먼저 그 나라의 문화를 얼마나 이해하고 있는 가와도 연결되어 있다. 이에 중국 문화에 대한 이해가 전제 될 때 남들과 좀 더 차별화된 중국어를 구사할 수 있으리라 본다.

    본 서는 바로 차별화된 중국어를 구사 할 수 있도록 한 중 문화의 비교가 중심 내용이다. 중국인 친구들에게 가장 많이 받는 질문이지만 우리는 가장 기본적인 우리의 문화도 제대로 설명하지 못하고 당황해하기 일쑤다. 예컨대 경복궁은 어떠한 특징을 가지고 있으며, 한복은 어떠하며, 한국을 대표하는 운동으로 태권도는 어떠하고, 한국 남자는 어떠하며, 남북관계에 대한 우리의 생각은 어떠한지 등…… 아주 간단하지만 중국어로 설명하자면 좀처럼 입이 열리지 않는 것이 또한 책상머리 중국어에 익숙해진 우리의 현실이다.

    마찬가지로 중국 문화에 대한 기본적인 상식 또한 결여되어 있다. 예컨대 중국의 국경일이 몇 월 며칠이고, 자금성이 어느 시대의 궁전이며, 중국인은 구정 날 왜 폭죽을 터뜨리고, 한류가 중국에서 왜 시들해져 가는지, 중국인들이 왜 8이라는 숫자를 좋아하며, 중국에서는 왜 산아제한을 하고, 한족과 소수 민족 간 갈등이 왜 생겨나는지 등…… 익히 알고 있는 부분도 있지만 우리에게 낯선 중국의 문화도 적지 않다.

    이러한 문제의식을 바탕으로 중국어와 중국문화를 아주 흥미롭고 쉽게 배우고 이해할 수 있게끔 상기한 내용들을 대화로 엮어 한권의 책으로 만들었다.

    마지막으로 본 서는 총 14과로 구성되어 있는데 이는 중국인들이 짝수에 많은 의미를 부여하고 있다는 것과 관련이 있다. 모든 일이 순조롭게 풀리기를 바란다는 의미도 그 안에 있으므로 여러분의 중국어 실력도 '순조롭게' 향상되리라 기대해 본다.

目次

10月1日与10月3日

你们的国庆节是几月几日？

- 正，正在，在 + 동사
- 那么 + 형용사，这么 + 형용사
- 说的也是

第1课 10月1日与10月3日

你们的国庆节是几月几日？

摘要

十月一日是中国的国庆节。一九四九年十月一日，毛泽东在天安门广场宣布中华人民共和国成立。因为放很多天假，每年到了国庆节，有的中国人回老家，有的中国人去旅游。到哪儿都是人山人海。

어법 Point

正，正在，在 + 동사 – '~ 하고 있다'

동작이나 상황이 진행되고 있을 때 사용하며 문장 끝에 '呢'를 붙일 수 있다. '正'만 사용 시 '呢'는 반드시 따라와야 한다.

1 你在干什么? 라고 질문했을 때 아래와 같이 대답할 수 있다.
  ① 我在上网 (呢) (shàngwǎng: 인터넷 하다) 。
  ② 我正在上网 (呢) 。
  ③ 我正上网呢。

2 爸爸在干什么?
  ① 他在喝酒。
  ② 他正在喝酒。
  ③ 他正喝酒呢。

3 妈妈在干什么?
  ① 她在洗澡 (xǐzǎo: 목욕하다)。
  ② 她正在洗澡。
  ③ 她正洗澡呢。

- 那么+형용사, 这么+형용사
- 说的也是

1 那么+형용사, 这么+형용사

정도를 나타내며, 다소 과장된 의미를 지닌다.

① 你的男朋友有那么多钱!
② 那么多人都要去哪儿?
③ 都这么晚了，该回家了。
④ 这么漂亮，怎么没有男朋友?

2 说的也是

'그렇긴 하다' 라고 해석된다.

① A: 晚上人多，不方便，现在去好一点。
  B: 说的也是。
② A: 明天要考试，快睡吧。现在看也没用。
  B: 说的也是。

亦心：明天是十月一日。中国的国庆节，放七天假。

Míng tiān shì shí yuè yī rì. Zhōng guó de guó qìng jié, fàng qī tiān jià.

徒映：放七天假？放那么多天假？

Fàng qī tiān jià? Fàng nà me duō tiān jià?

亦心：原来是三天。可是，加上前后的双休日，因此共有七天假。

Yuán lái shì sān tiān. Kě shì, jiā shàng qián hòu de shuāng xiū rì, yīn cǐ gòng yǒu qī tiān jià.

徒映：假期你打算做什么？

Jià qī nǐ dǎ suan zuò shén me?

亦心：我正在想呢。你们的国庆节是几月几日？

Wǒ zhèng zài xiǎng ne. Nǐ men de guó qìng jié shì jǐ yuè jǐ rì?

徒映：十月三日。叫开天节，可惜只休息一天。

Shí yuè sān rì. Jiào kāi tiān jié, kě xī zhǐ xiū xi yì tiān.

徒映：你去哪儿？这么多衣服，干吗？

Nǐ qù nǎr? zhè me duō yī fu, gàn ma?

亦心：明天开始国庆节放假，我准备回老家。你呢？

Míng tiān kāi shǐ guó qìng jié fàng jià, wǒ zhǔn bèi huí lǎo jiā. Nǐ ne?

徒映：我正在想做什么。去旅游嘛，怕到处都是人。

Wǒ zhèng zài xiǎng zuò shén me. Qù lǚ yóu ma, pà dào chù dōu shì rén.

亦心：说的也是。这期间有的回老家，有的去旅游。

Shuō de yě shì. Zhè qī jiān yǒu de huí lǎo jiā, yǒu de qù lǚ yóu.

去哪儿都是人山人海。

Qù nǎr dōu shì rén shān rén hǎi.

徒映：在宿舍嘛，又怕寂寞。该怎么办？

Zài sù shè ma, yòu pà jì mò. Gāi zěn me bàn?

亦心：在宿舍多看电视，提高你的汉语水平吧。

Zài sù shè duō kàn diàn shì, tí gāo nǐ de hàn yǔ shuǐ píng ba.

徒映：咳！你真坏！

Hāi! Nǐ zhēn huài!

 ## 问答

1. 中国的国庆节是几月几日？
2. 中国的国庆节原来放几天假？
3. 韩国的国庆节放几天假？
4. 韩国的国庆节叫什么？

 ## 请谈谈

你觉得一下子(yí xià zi: 한번에) 放七天假的中国的国庆节好，还是每个假日放一天假好？

새로나온 단어

毛泽东	Máo zé dōng	인명	모택동
天安门	Tiān ān mén	지명	천안문
广场	guǎng chǎng	명	광장
宣布	xuān bù	동	선포하다
中华人民共和国	Zhōng huá rén mín gòng hé guó	명	중화인민공화국
成立	chéng lì	동	성립하다
每年	měi nián	명	매 해
国庆节	guó qìng jié	명	국경일
放假	fàng jià	동	휴가, 방학
正在	zhèng zài		바로~에 있다, 마침~하고 있는 중이다
假期	jià qī	명	휴가기간
原来	yuán lái	명, 부	원래
加	jiā	동	더하다
前后	qián hòu	명	전후
双休日	shuāng xiū rì		주5일제가 실시되며 토요일과

			일요일이 휴일이 되었다
因此	yīn cǐ	접	그러므로, 이 때문에, 그래서
开天节	kāi tiān jié	명	개천절
可惜	kě xī	부	애석하다, 아쉽다
准备	zhǔn bèi	동	준비하다
嘛	ma	조	도리로 보아 당연히 그래야한다 라는 어기를 나타내는 조사, 인정하려는 어기를 나타냄
老家	lǎo jiā	명	고향
旅游	lǚ yóu	동	여행
怕	pà	동	두렵다
到处	dào chù	명	어느 곳이나
人山人海	rén shān rén hǎi		인산인해, 사람이 많다
寂寞	jì mò	형	외롭다
提高	tí gāo	동	올리다
水平	shuǐ píng	명	수준
咳	hāi	감	아이참, 하, 허

문화상식한토막

中国에서 법정휴일로 가장 길게 제정된 날 중의 하나로 国庆节와 劳动节(láo dòng jié: 노동절)을 꼽을 수 있는데, 2008년 제정된 법안에서는 노동절 공휴일을 단 하루로 개정했다. 国庆节와 劳动节의 연휴가 길었던 이유 중의 하나로는 많은 中国人들의 소비를 통해 내수 진작을 꾀한 中国 정부의 의도도 있었다고 한다.

1. 在혹은 正在를 이용하여 문장을 완성하시오.

① 爸爸给我妈妈打电话的时候，妈妈＿＿＿＿＿＿＿＿＿＿。
② 我去女朋友家的时候，她＿＿＿＿＿＿＿＿＿＿。
③ A：你的儿子干什么?
　　B：他＿＿＿＿＿＿＿＿。

2. 새로 나온 단어를 이용하여 빈칸을 채우시오.

① 一九四九年毛泽东在天安门广场宣布＿＿＿＿＿＿成立。
② 我的男朋友每年国庆节都回＿＿＿＿＿。
③ 这期间＿＿＿＿回老家，＿＿＿＿去旅游。
④ 国庆节＿＿＿＿都是人。
⑤ 你要＿＿＿＿你的汉语水平。

3. 제시어를 이용하여 간단한 작문이나 대화를 만들어 보시오.

　　㉾ 国庆节的时候你要做什么?
　　　这假期我要回老家。

国庆节　　　　学习　　　　假期　　　　回老家　　　　旅游

4. 녹음을 듣고, 내용과 가장 근접한 단어의 그림을 찾으시오.

（　　　）　　（　　　）　　（　　　）　　（　　　）　　（　　　）

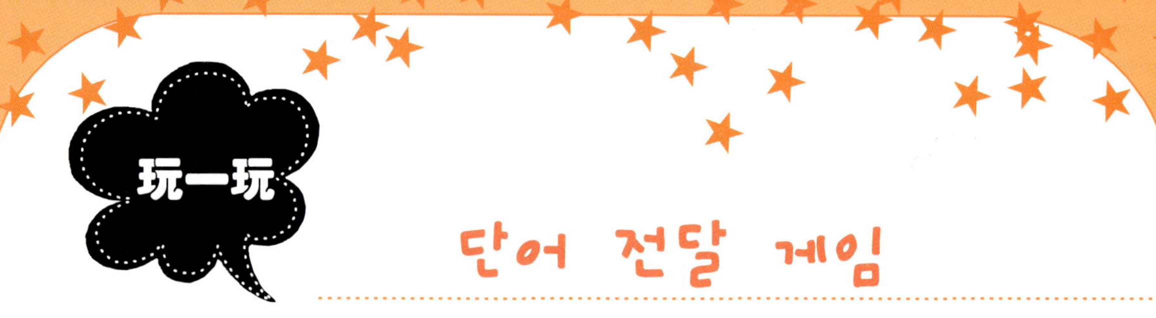

단어 전달 게임

친구의 등에 주어진 단어를 써서 전달하는 게임입니다. 정확하게 써줘야 끝까지 단어가 잘 전달될 수 있습니다. 배운 단어를 즐겁게 활용해 보세요.

〈게임 순서〉

1. 모둠 대표별로 게임을 진행합니다.
2. 학생들은 모두 앞을 보고 앉습니다.
3. 제일 뒤에 앉은 학생에게만 단어나 문장을 봅니다.
4. 제시어를 본 학생은 앞 학생의 등에 손가락으로 제시어를 쓰면서 계속 앞으로 진행해 나갑니다.
5. 제일 앞에 앉은 학생은 제시어를 전달 받으면 칠판으로 나가 제시어를 씁니다.
   - 난이도에 따라 단어 수를 조절하거나 제시어의 뜻을 함께 쓰도록 할 수 있습니다.
   - 모둠 내에서는 자리를 바꿔 앉을 수 있습니다.

放鞭炮与祭祀

春节的时候中国人做什么？

이 과에서는

- 被
- 按照~
- 受不了
- 还是~好

第2课　放鞭炮与祭祀

春节的时候中国人做什么？

摘要

农历一月一日是中国的春节。很多中国家庭除夕那天吃年夜饭。按照中国人的习惯，春节前后放鞭炮。以前是为了驱鬼，最近放鞭炮主要是热闹，有节日气氛。

어법 Point

'被'

피동을 나타내는 문장으로 전치사 '被' 다음의 목적어에 의해 '당하다' 의 의미를 지닌다.

1 주어 + 被 + 명사(동사의 주체) + 동사 + 기타성분

① 我弟弟被电话吵醒了。
② 钱包被小偷偷走了。
③ 我姐姐被男朋友甩 (shuǎi: 내던지다)了。
④ 我被老师打了。

2 주어 + 시간사 / 부정부사 / 능원동사 / 也, 都 / + 被 + 목적어 + 동사 + 기타성분

① 我弟弟昨天一大早被电话吵醒了。
② 钱包没被小偷偷走。
③ 我姐姐没被男朋友甩。
④ 我也被老师打了。

- 按照~
- 受不了
- 还是~好

1 按照~

~근거하여, ~에 따라, ~대로, ~에 비추어

① 按照你的意思去办。

② 按照中国法律 (fǎ lǜ: 법률) ，你不能打工(dǎ gōng: 아르바이트)。

③ 按照妈妈的意思，我要换补习班 (bǔ xí bān: 학원)。

2 受不了

참을 수 없다.

① 妈妈每天发脾气(fā pí qi: 화내다)，我再也受不了了。

② 这个泡菜(pào cài: 김치)太辣(là: 맵다)，受不了了。

③ 天天考试，我真的受不了了。

3 还是~好

'차라리 ~하는 것이 낫겠다', '그래도 ~하는 것이 낫겠다' 로 해석된다.

① 大家都批评我，只有妈妈不批评我，还是妈妈最好！

② 我会讲汉语，还是去中国好。

③ 我怕冷，还是夏天好。

亦心：今天是除夕，我们一起吃年夜饭吧。
Jīn tiān shì chú xī, wǒ men yì qǐ chī nián yè fàn ba.

徒映：明天是春节，为什么今天吃？
Míng tiān shì chūn jié, wèi shén me jīn tiān chī?

亦心：按照中国的传统，除夕那天全家人大团聚。
Àn zhào zhōng guó de chuán tǒng, chú xī nà tiān quán jiā rén dà tuán jù.

徒映：我们春节那天早上吃年糕汤。
Wǒ men chūn jié nà tiān zǎo shang chī nián gāo tāng.

亦心：春节和年糕汤有什么关系？
Chūn jié hé nián gāo tāng yǒu shén me guān xi?

徒映：按照韩国人的说法，吃一碗就大一岁。
Àn zhào hán guó rén de shuō fǎ, chī yì wǎn jiù dà yí suì.

亦心：那我就不吃了。
Nà wǒ jiù bù chī le.

徒映：我要被鞭炮声吵死了。
Wǒ yào bèi biān pào shēng chǎo sǐ le.

亦心：我们每年春节都是这样，你要有心里准备。
Wǒ men měi nián chūn jié dōu shì zhè yàng, Nǐ yào yǒu xin li zhǔn bèi.

徒映：我可受不了了。春节为什么放鞭炮？
Wǒ kě shòu bu liǎo le. Chūn jié wèi shén me fàng biān pào?

亦心：按照中国人的说法，放鞭炮能驱鬼。
Àn zhào zhōng guó rén de shuō fǎ, fàng biān pào néng qū guǐ.

徒映：我们春节那天祭祀。太太们最怕节日。
Wǒ men chūn jié nà tiān jì sì. Tài tai men zuì pà jié rì.

亦心：为什么怕节日？
Wèi shén me pà jié rì?

徒映：为了祭祀要做这做那。来很多客人，过完春节会生几天病。
Wèi le jì sì yào zuò zhè zuò nà. Lái hěn dūo kè rén, guò wán chūn jié huì shēng jǐ tiān bìng.

亦心：那么麻烦。我还是在中国被鞭炮声吵死好。
Nà me má fan. Wǒ hái shi zài zhōng guó bèi biān pào shēng chǎo sǐ hǎo.

1. 中国人春节的时候做什么?
2. 中国人为什么放鞭炮?
3. 韩国人春节那天做什么?
4. 年夜饭是什么时候吃的?

你觉得在哪儿过春节好? 为什么?

새로 나온 단어

农历	nóng lì	명	음력
除夕	chú xī	명	섣달그믐 밤
年夜饭	nián yè fàn	명	섣달그믐 저녁 가족들이 모여 식사하는 것
团聚	tuán jù	동	모임
被	bèi	개	당하다
吵	chǎo	형	시끄럽다
放	fàng	동	놓아주다, 해방하다, 쏘다, 불을 지르다, 놓치다, 열다
鞭炮	biān pào	명	폭죽
受不了	shòu bu liǎo		참을 수 없다
热闹	rè nao	동	번화하다, 왁자지껄하다, 떠들다
节日	jié rì	명	기념일, 명절
主要	zhǔ yào		부주요한, 주요하다
气氛	qì fen	명	분위기
春节	chūn jié	명	구정
年糕汤	nián gāo tāng	명	떡국

说法	shuō fǎ	명	의견, 견해, 표현
碗	wǎn	양	그릇의 양사
客人	kè rén	명	손님
生病	shēng bìng	동	병나다, 아프다.
按照	àn zhào	개	~에 근거하여, ~에 따라
习惯	xí guàn	명	습관
驱鬼	qū guǐ	동	귀신을 몰아내다
传统	chuán tǒng	명	전통
祭祀	jì sì	동	제사 (지내다)
麻烦	má fan	명	귀찮다, 번거롭다

문화상식한토막

中国의 春节는 韩国의 春节와 마찬가지로 农历 一月 一日이다. 春节연휴기간 펼쳐지는 민족의 대이동은 그야말로 사활(死活)을 건 이동이라 할 정도로 엄청난 규모로 이루어진다. '부자되세요(恭喜发财! : gōng xi fā cái)'는 韩国에서의 '새해 복 많이 받으세요' 라는 새해인사의 의미와 같다. 이처럼 새해인사는 나누나 韩国에서처럼 아이들이 꿈속에도 그리워하는(梦寐以求 : mèng mèi yǐ qiú)하는 压岁钱 (yā suì qián : 세뱃돈) 은 보편화되지 않았다. 春节를 전후해 밤새 울려 퍼지는 폭죽소리는 시끄럽긴 하지만 자꾸 들으면 오히려 리듬감을 느끼게 된다. 짜증이 나더라도 조금 참으면 中国의 春节文化를 이해하는데 많은 도움이 되는 귀중한 경험이 될 것이다.

1. 被를 이용하여 빈칸을 채우시오

① 너는 그에게 속을 것이다.

　　会　　　　　你　　　　　被　　　　　她　　　　　骗的

② 내 자전거 다른 사람이 타고 갔다.

　　自行车　　我　　　　被　　　　的　　　　人　　　　骑走　　　了

③ 나는 엄마 때문에 깼다.

　　被　　　　　我　　　　　吵醒　　　　我妈妈　　　　了

④ 나는 어제 선생님한테 맞았다.

　　昨天　　　　被　　　　我　　　　老师　　　　打　　　　了

⑤ 비자 신청한 것이 허락되지 않았다.

申请　　　　　　　　　批准　　　　没　　　签证　　　　　　　　被
(shēn qǐng: 신청하다)　(pī zhǔn:　　　　　　(qiān zhèng: 비자)
　　　　　　　　　　　　비준, 허락)

2. 새로 나온 단어를 이용하여 빈칸을 채우시오.

① 中国人农历十二月三十一日全家人吃__________。
② 韩国人春节那天吃 ____________。
③ __________了，要去医院了。
④ __________中国的传统，除夕那天全家人大团聚。

3. 제시어를 이용하여 간단한 작문이나 대화를 만들어 보시오.

　　예 除夕那天吃年夜饭。
　　　春节的时候韩国人吃年糕汤。

春节　　　除夕　　　年夜饭　　　年糕汤　　　祭祀　　　鞭炮

4. 녹음을 듣고, 내용과 가장 근접한 단어의 그림을 찾으시오.

(   )   (   )   (   )   (   )

第**3**课

旗袍与韩服

你穿过旗袍和韩服吗？

이 과에서는

- 동사 + 着
- 既~又
- 又~又
- 要是~

第3课 旗袍与韩服

你穿过旗袍和韩服吗?

摘要

中国的传统衣服是旗袍， 清朝时期的女性服装。旗袍既华丽又性感，非常漂亮。不过，穿了之后凸显身材，又胖又矮的人不太适合穿旗袍。小女孩子穿旗袍特别可爱。

어법 Point

- 동사+着
- 동사＋过 / 동사＋没＋过

1 동사+着

동작이나 상태의 지속을 나타낸다.
① 星期天我爸爸在床上一直躺着。
② 这是最后一次，你好好儿听着。
③ 他家的门，二十四个小时都开着。
④ 电视整天开着。

'着'는 동작 자체의 지속뿐만 아니라 동작 이후에 지속되는 어떤 상태를 나타낼 수 있다.
① 她哭着离开父母了。
② 他每天开着电视睡觉。
③ 他喜欢喝着酒唱歌。

2 　동사 + 过　　　　　　　　　　没 + 동사 + 过

　　~해본 적이 있다.　　　　　　~해본 적이 없다.
　　① 我去过中国。　　　　　　我没去过中国。
　　② 他吃过泡菜。　　　　　　他没吃过泡菜。
　　③ 我妈妈见过我的男朋友。　我妈妈没见过我的男朋友。

주요구문

- 既 ~ 又
- 又 ~ 又
- 要是

1 　既 ~ 又 – '~하기도 하고, ~하기도 하다'

동시에 두 가지의 성질이나 상황을 지니고 있음을 나타낸다.
① 我妈妈既性急(xìng jí: 성격이 급하다)，又泼辣(pō la: 악날하다, 악착
같다)。
② 她既懂汉语，又懂韩语。
③ 这件衣服既便宜，又漂亮。

2 　又 ~ 又

단음절 동사를 쓸 수 있고, 정반형식도 가능하다.
① 他看到妈妈又跳又笑。　　　　　（☺）
② 他看到妈妈既说又笑。　　　　　（☹）
③ 她的话又对又不对。　　　　　　（☺）
④ 她的话既对又不对。　　　　　　（☹）

3 　要是 ~

만약에(＝如果)
① 要是成绩不好，妈妈就不给我钱了。
② 要是你对我不好，我就跟你分手。
③ 要是你生气，我就不说了。

Part 1

徒映：你看！这是我的韩服。

Nǐ kàn! zhè shì wǒ de hán fú。

亦心：哇！ 款式既优雅又别致。

Wā! Kuǎn shì jì yōu yǎ yòu bié zhì。

徒映：不过，我觉得红颜色不太适合我。

Bú guò, wǒ jué de hóng yán sè bú tài shì hé wǒ。

亦心：哪儿啊！ 中国人特别喜欢红色，我看很适合你。

Nǎr a! Zhōng guó rén tè bié xǐ huan hóng sè, wǒ kàn hěn shì hé nǐ。

徒映：一路上很多人都看着我。

Yí lù shang hěn duō rén dōu kàn zhe wǒ。

亦心：中国人难得看到韩服，要是不看才怪呢!

Zhōng guó rén nán de kàn dào hán fú, yào shi bú kàn cái guài ne!

徒映：穿着韩服做事，不太方便。一会儿晚会一结束，我就立刻换衣服。

Chuān zhe hán fú zuò shì, bú tài fāng biàn。Yí huìr wǎn huì yì jié shù, wǒ jiù lì kè huàn yī fu。

Part 2

徒映：她穿得既漂亮又性感。

Tā chuān de jì piào liang yòu xìng gǎn。

亦心：她穿的是旗袍，中国女性的传统衣服。你想试试吗?

Tā chuān de shì qí páo, zhōng guó nǚ xìng de chuán tǒng yī fu。Nǐ xiǎng shì shi ma?

徒映：不要开玩笑。要是我穿着旗袍出去，很多人会被我吓死的。

Bú yào kāi wán xiào。Yào shi wǒ chuān zhe qí páo chū qu, hěn duō rén huì bèi wǒ xià sǐ de。

亦心：不至于吧。不过，说实话，又矮又胖的人，不太适合穿旗袍。

Bú zhì yú ba。Bú guò, shuō shí huà, yòu ǎi yòu pàng de rén, bú tài shì hé chuān qí páo。

徒映：那可以穿韩服。韩服不凸显身材。

Nà kě yǐ chuān hán fú。Hán fú bù tū xiǎn shēn cái。

亦心：太好了，我们穿着韩服，大胆地逛街吧。

Tài hǎo le, wǒ men chuān zhe hán fú, dà dǎn de guàng jiē ba。

徒映：韩国人平时不穿韩服。你要是穿着韩服逛街，人们会以为你有问题呢!

Hán guó rén píng shí bù chuān hán fú。Nǐ yào shi chuān zhe hán fú guàng jiē, rén men huì yǐ wéi nǐ yǒu wèn tí ne!

 **问答**

1. 什么样的人不适合穿旗袍？
2. 旗袍是什么朝代的衣服？
3. 韩国人平时穿韩服吗？
4. 平时穿着韩服逛街会怎么样？

 **请谈谈**

你穿过旗袍和韩服吗？你觉得哪个更适合你穿？

새로나온단어

别致	bié zhì	형	별스럽다, 색다르다
清朝	Qīng cháo	명	청조
时期	shí qī	명	시기
服装	fú zhuāng	명	복장
华丽	huá lì	형	화려하다
一路上	yí lù shang		오는 길에
难得	nán de	부	쉽지 않다, 구하기 힘들다
做事	zuò shì	동	일하다, 용무를 보다
晚会	wǎn huì	명	파티
结束	jié shù	동	끝나다
换	huàn	동	바꾸다
漂亮	piào liang	형	아름답다
性感	xìng gǎn	명	섹시하다
旗袍	qí páo	명	중국 청조의 여성전통 의상
女性	nǚ xìng	명	여성
衣服	yī fu	명	옷
试试	shì shi	동	시험해보다, 입어보다.

开玩笑	kāi wán xiào	동	농담하다, 놀리다, 장난하다
肚子	dù zi	명	배
吓	xià	동	놀라다
矮	ǎi	형	작다
胖	pàng	형	뚱뚱하다
不至于	bú zhì yú		~정도는 아니다, ~까지는 이르지 않다
说实话	shuō shí huà		사실대로 말하면
适合	shì hé	형	적합하다
凸显	tū xiǎn		돌출하다, 두드러지다
身材	shēn cái	명	몸매
优雅	yōu yǎ	형	우아하다
拍	pāi	동	찍다, 촬영하다
照片	zhào piàn	명	사진
大胆	dà dǎn	형	대담하다
逛街	guàng jiē	동	쇼핑
以为	yǐ wéi		~으로 알다
问题	wèn tí	명	문제

문화상식한토막

전 세계 전통의상 가운데 가장 性感하다는 평가를 받고 있는 중국의 旗袍. 1972년 국교를 정상화하기 위하여 北京을 방문했던 美国의 닉슨 대통령의 영부인 패트 여사에게 외신 기자들이 旗袍에 대한 느낌이 어떠냐고 물었을 때 패트 여사는 "저 旗袍를 보고 中国 인구가 이처럼 많은 이유를 비로소 알게 됐다."라고 답했을 정도로 旗袍는 아름답고 화려하며 관능적이다. 한복과 마찬가지로 시대에 따라 디자인에서 변화를 보인다. 저렴한 가격으로 한 벌쯤 장만해 한번 씩 살짝 입어보는 것도 괜찮을 듯.

1. 着나 过를 이용하여 문장을 완성하시오.
① 我爸爸＿＿＿＿＿＿＿回来了。
② 我哥哥＿＿＿＿＿＿＿睡着了。
③ 我妹妹＿＿＿＿＿＿＿中国。
④ 我的女朋友是韩国人，她以前＿＿＿＿＿汉语。

2. 既 ~ 也를 사용하여 문장을 만드시오.
① 漂亮　　可爱
② 好看　　便宜
③ 工作　　做家务(jiā wù 집안 일)

3. 새로 나온 단어를 이용하여 빈칸을 채우시오.
① 这件衣服样式很＿＿＿＿ 。
② 不要＿＿＿＿，她会发脾气的。
③ 对不起，我来晚了，＿＿＿＿堵车 (dǔ chē: 차가 막히다)。
④ 看看我的肚子，我太＿＿＿了，要减肥 (jiǎn féi: 다이어트)。
⑤ 我觉得我不＿＿＿＿当老师。

4. 제시어를 이용하여 간단한 작문이나 대화를 만들어 보시오.

　　예) 旗袍很漂亮。
　　　　矮的人不适合穿旗袍。

旗袍　　　　　韩服　　　　　矮　　　　优雅　　　　漂亮

5. 녹음을 들고, 내용과 가장 근접한 단어의 그림을 찾으시오.

(　　)　　(　　)　　(　　)　　(　　)　　(　　)

스피드 게임

배운 어휘를 몸짓으로 설명하면 나머지 학생들이 정해진 시간 안에 어떤 어휘인지 답하게 하는 게임입니다.

〈게임 순서〉

1. 선생님은 배운 표현들을 종이 조각에 써서 봉투에 넣어둡니다.
2. 각 모둠의 대표가 봉투에서 조각을 6개 뽑은 후 몸짓으로 설명합니다.
3. 나머지 학생들이 정해진 시간(1분) 안에 어떤 어휘인지 답하게 합니다.
4. 시간 내에 많이 알아맞힌 모둠이 이깁니다.

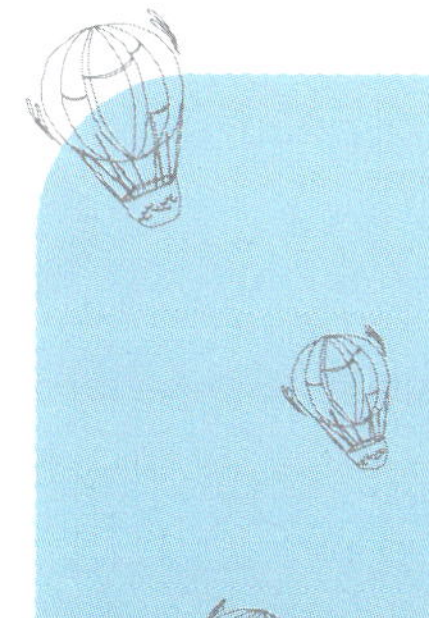

第**4**

故宫与景福宫

你去过故宫或者景福宫吗?

이 과에서는 

- A + 没有 + B + 형용사
- A + 有 + B + 형용사
- 值得 ~
- 即使~也

第**4** 故宫与景福宫

你去过故宫或者景福宫吗?

在北京值得去的地方很多。其中有故宫，也称作紫禁城。即使不想去，也得去，因为它是在中国旅游的必到之处。故宫既宏大又有气派，中国味道非常浓厚。

어법 Point

- A+没有+B+형용사
- A+有+B+형용사

1 A+没有+B+형용사

A가B의 수준이나 정도에 도달하지 못함을 의미한다.
① 我没有妈妈漂亮。
② 我的汉语没有她好。
③ 这儿没有那儿冷。

2 A+有+B+형용사

A가B의 수준이나 정도에 도달했음을 의미한다.
① 你的房子有这么大吗?
② 你的汉语有他好吗?
③ 这儿有那儿那么冷吗?

- 值得~
- 即使~也

1 值得~

'~할 가치가 있다', '~할 만하다'로 해석된다.

① 那部电影值得看。
② 那个人不值得爱。
③ 王老师的课值得听。

2 即使~也

'설사~하더라도'로 해석된다.

① 即使你不喜欢我胖，我也要吃。
② 即使东西不贵，我也不买。
③ 即使妈妈打我，我也不去学校。

亦心：在北京玩得怎么样？
Zài Běi jīng wánr de zěn me yàng?

徒映：别提了，时间很匆忙，连故宫也只看了一半。
Bié tí le, shí jiān hěn cōng mang, lián gù gōng yě zhǐ kàn le yí bàn。

亦心：太可惜了。北京值得去的地方不少呢。
Tài kě xī le。Běi jīng zhí de qù de dì fang bù shǎo ne!

徒映：虽然我只看了一半的故宫，但我被它迷住了。
Suī rán wǒ zhǐ kàn le yí bàn de gù gōng, dàn wǒ bèi tā mí zhù le。

亦心：故宫又称'紫禁城'，是明清两代的皇宫。
Gù gōng yòu chēng 'zǐ jìn chéng', shì míng qīng liǎng dài de huáng gōng。

徒映：西太后就是在那儿号令天下，活得真潇洒，好羡慕！
Xī tài hòu jiù shi zài nàr hào lìng tiān xià, huó de zhēn xiāo sǎ, hǎo xiàn mù!

亦心：不过，中国人对她的评价不是很好。
Bú guò, zhōng guó rén duì tā de píng jià bú shì hěn hǎo。

徒映：我不同意。即使人们怎么批判她，我也佩服她。
Wǒ bù tóng yì。Jí shǐ rén men zěn me pī pàn tā, wǒ yě pèi fu tā。

亦心：下个礼拜我去韩国旅游。
Xià ge lǐ bài wǒ qù hán guó lǚ yóu。

徒映：上个礼拜我去北京，这次你去首尔，真巧。
Shàng ge lǐ bài wǒ qù běi jīng, zhè cì nǐ qù shǒu ěr, zhēn qiǎo。

亦心：首尔哪些地方值得去看？你们有没有故宫？
Shǒu ěr nǎ xiē dì fang zhí de qù kàn? Nǐ men yǒu méi yǒu gù gōng?

徒映：当然有，叫景福宫，朝鲜时代的宫殿。
Dāng rán yǒu, jiào jǐng fú gōng, cháo xiān shí dài de gōng diàn。

亦心：紫禁城和景福宫有什么差别？
Zǐ jìn chéng hé jǐng fú gōng yǒu shén me chà bié?

徒映：景福宫没有紫禁城那么宏伟，不过，里面有很多树和荷塘，像一幅风景画。
Jǐng fú gōng méi you zǐ jìn chéng nà me hóng wěi。bú guò, lǐ miàn yǒu hěn duō shù hé hé táng, xiàng yí fù fēng jǐng huà。

亦心：那我去看这幅美丽的风景画，看它多美。
Nà wǒ qù kàn zhè fù měi lì de fēng jǐng huà, kàn tā duō měi。

徒映：别担心，景福宫是去韩国旅游的必到之处。即使你不想去也得去呢。
Bié dān xīn, jǐng fú gōng shì qù hán guó lǚ yóu de bì dào zhī chù。Jí shǐ nǐ bù xiǎng qù yě děi qù ne。

 问答

1. 中国的故宫又称什么？
2. 中国的故宫是什么时候的宫殿？
3. 景福宫是什么时代的宫殿？
4. 在景福宫里有什么？

请谈谈

你去过故宫和景福宫吗？它们有什么差别？

 새로나온 단어

怎么样	zěn me yàng		어떠한가
别	bié	부	다른
提	tí	동	제의하다
匆忙	cōng mang	형	매우 바쁘다
连	lián		~조차도, 일반적으로 也와 都가 뒤에 온다
故宫	gù gōng	명	고궁
一半	yí bàn	명	반
可惜	kě xī	부	안타깝다
地方	dì fang	명	장소, 곳, 부분
不少	bù shǎo	형	적지 않다
迷住	mí zhù	동	미혹시키다
味道	wèi dào	명	맛
确实	què shí	부	확실하다, 정말로
浓厚	nóng hòu	형	농후하다, 짙다
紫禁城	zǐ jìn chéng	명	자금성
明清	Míng Qīng	명	명나라와 청나라

两代	liǎng dài		양대
皇宫	huáng gōng	명	황궁
世界	shì jiè	명	세계
宫殿	gōng diàn	명	궁전
西太后	xī tài hòu	명	서태후
号令	hào lìng	동	호령(하다)
天下	tiān xià	명	천하
潇洒	xiāo sǎ	형	(행동거지, 모습이)자연스럽다, 세련되다, 시원스럽고 대범하다
羡慕	xiàn mù	형	부러워하다
评价	píng jià	동	평가하다
原因	yuán yīn	명	원인
对	duì		~대하여
坏	huài	형	나쁘다
批判	pī pàn	명(동)	비판하다
朝鲜	Cháo xiǎn	명	조선
气派	qì pài	명	기개, 기백, 패기, 풍채, 기질, 기상, 기풍, 위엄
佩服	pèi fú	동	탄복하다, 감탄하다
时代	shí dài	명	시대
景福宫	jǐng fú gōng	명	경복궁
宏大	hóng dà	형	크다, 웅대하다, 방대하다
宏伟	hóng wěi	형	위대하다, 웅장하다, 장대하다
树	shù	명	나무
荷塘	hé táng	명	연못
幅	fù	양	폭, 넓이, 그림을 나타나는데 쓰이는 양사
风景画	fēng jǐng huà	명	풍경화
担心	dān xīn	동	걱정하다

中国 영토의 방대함은 익히 알고 있는 바이다. 현대화가 급히 진행되고 있어 하루가 다르게 현대적 면모를 갖춘 도시로 거듭나고 있지만 아직까지는 자연의 모습을 그대로 간직하고 있는 곳이 적지 않다. 연안 도시들의 인위적 화려함에 정신이 없다면 西北나 西南 지역으로 발걸음을 옮겨 이국적 분위기를 한껏 느껴보는 것도 中国을 배울 수 있는 좋은 기회일 듯하다.

잠깐확인

1. 有나 没有를 사용하여 문장을 완성하시오.

① 我妹妹 ______________ 高。

② 韩国人口 ______________ 中国人口多。

③ 这个菜 __________ 那个菜好吃。

④ 这部电影 __________ 小说好看。

⑤ 这件衣服 __________ 那件衣服贵。

2. 值得나 不值得를 사용하여 문장을 완성하시오.

① 这部电影虽然很长，可是 __________。

② 这个太贵，______________。

③ 那个地方很美，______________。

3. 주어진 단어를 即使~也를 사용하여 완성하시오.

① ~下雨，______________。

② ~不请我，______________。

③ ~爱我，______________。

4. 새로 나온 단어를 이용하여 빈칸을 채우시오.

① 紫禁城是＿＿＿两代的皇宫。

② 虽然我只看了一半的故宫，可我被它 ＿＿＿＿＿了。

③ 景福宫没有紫禁城那么＿＿＿＿＿＿。

④ 我去看这幅＿＿＿＿＿的风景画。

⑤ 上个礼拜我去北京，这次你去首尔，＿＿＿＿＿＿。

5. 제시어를 이용하여 간단한 작문이나 대화를 만들어 보시오.

  ㉋ 景福宫很美。

   景福宫像一幅风景画。

  紫禁城   景福宫   宏大   风景画

6. 녹음을 듣고, 내용과 가장 근접한 단어의 그림을 찾으시오.

( ) ( ) ( ) ( ) ( )

太极拳与跆拳道

中国的太极拳和韩国的跆拳道

이 과에서는

- 把
- 동사의 중첩
- 真是的!
- 差点

中国的太极拳和韩国的跆拳道

摘要

早上很多中国人在公园练太极拳，老人特别多。太极拳既要练动作，也要练内功。它的动作非常慢，如果性急的人练练，肯定有效果。不过，很少能看到年轻人练太极拳。

어법 Point

- 把
- 把~给
- 시간사 / 부사 / 능원동사의 위치

1 把

어떤 확정된 사물이 어떤 행위나 동작으로 인해 발생되는 변화 때문에 영향을 받거나 결과를 일으키는 것을 의미하며 '~을' 정도로 해석된다.
① 我把杯子打碎了。
② 他的男朋友把头发剃光了。
③ 爸爸把我带到学校去了。

2 把~给

~을 ~에게
① 你把钱还给我。
② 麻烦你，把那个杯子递（dì: 건네다）给我。
③ 你把那本书借给我。

3 시간사 / 부사 / 능원동사는 把 앞에 놓인다.

① 我已经把钱还给她了。
② 你明天可以把那本书借给我吗?
③ 我想把门关上。

- 동사의 중첩
- 真是的!
- 差点

1 동사의 중첩

동사가 중첩될 경우 뜻이 완곡해지거나 약간 가벼운 느낌을 준다.
'~ 해보다' 정도로 해석된다.

A→AA, A—A

① 今天晚上在我家看看电影，好吗?
② 你想想，他这样做是对吗?
③ 对不起，你在外面等一等。
④ 我很头疼，想出去走一走。

2 真是的!

'아이, 정말' 정도로 해석된다.

① A: 冻死我了!
   B: 这屋子（wū zi: 집）很暖和，一点也不冷。
   A: 不行，我要再穿一件毛衣（máo yī: 스웨터）。
   B: 你也真是的!
② A: 我想我妈妈，要回国了。
   B: 你也真是的! 都这么大了，还想妈妈。

3 差点

'하마터면' 정도로 해석된다.
① 这路很滑，差点摔跤（shuāi jiāo: 넘어지다）了。
② 老师批评我，我差点哭了。
③ 睡懒觉（shuì lǎn jiào: 늦잠을 자다），差点迟到（chí dào: 지각하다）了。

徒映：你要把我带到哪儿？
　　　Nǐ yào bǎ wǒ dài dào nǎr?

亦心：去公园散步。你不是要减肥吗？
　　　Qù gōng yuán sàn bù。Nǐ bú shì yào jiǎn féi ma?

徒映：在湖边有那么多老人，干什么？
　　　Zài hú biān yǒu nà me duō lǎo rén, gàn shén me?

亦心：那就是太极拳，中国人的健身运动。
　　　Nà jiù shì tài jí quán, zhōng guó rén de jiàn shēn yùn dòng。

徒映：啊！对了，以前在电影上看过。
　　　Ā! Duì le, yǐ qián zài diàn yǐng shang kàn guò。

亦心：它既要练外形动作，也要练内功。像你这样性急的人应
　　　该学学。
　　　Tā jì yào liàn wài xíng dòng zuò, yě yào liàn nèi gōng。Xiàng nǐ zhè
　　　yàng xìng jí de rén yīng gāi xué xue。

徒映：你把主要动作教给我吧。
　　　Nǐ bǎ zhǔ yào dòng zuò jiāo gěi wǒ ba。

亦心：这几天你怎么不练太极拳？
　　　Zhè jǐ tiān nǐ zěn me bú liàn tài jí quán?

徒映：老了以后练吧。不过，我已经把基本动作学会了。
　　　Lǎo le yǐ hòu liàn ba。Bú guò, wǒ yǐ jing bǎ jī běn dòng zuò xué huì le。

亦心：学了三天就学会动作了，你真厉害。
　　　Xué le sān tiān jiù xué huì dòng zuò le, nǐ zhēn lì hai。

徒映：哈哈！很简单，你看我吧，把西瓜切一半，给你一半，
　　　我拿一半。不就行了吗？
　　　Hā hā! hěn jiǎn dān, nǐ kàn wǒ ba, bǎ xī guā qiè yí bàn, gěi
　　　nǐ yí bàn, wǒ ná yí bàn。Bú jiù xíng le ma?

亦心：哈哈哈！你也真是的。代表韩国的运动是什么？
　　　Hā hā hā! nǐ yě zhēn shì de。Dài biǎo hán guó de yùn dòng shì
　　　shén me?

徒映：跆拳道。比太极拳动作快。我们必须要学学。晚上遇到
　　　流氓，打跑他呀。
　　　Tái quán dào。Bǐ tài jí quán dòng zuò kuài。Wǒ men bì xū yào xué
　　　xue。Wǎn shang yù dào liú máng, dǎ pǎo tā ya。

亦心：你会练跆拳道吗？你把简单的动作给我示范一下。
　　　Nǐ huì liàn tái quán dào ma? Nǐ bǎ jiǎn dān de dòng zuò gěi wǒ shì
　　　fàn yí xià。

徒映：我只会做几个动作。你可别嘲笑我！
　　　Wǒ zhǐ huì zuò jǐ ge dòng zuò。Nǐ kě bié cháo xiào wǒ!

亦心：好了！好了！我的大肚子差点儿被你踢中了。
　　　Hǎo le! hǎo le! Wǒ de dà dù zi chà diǎr bèi nǐ tī zhòng le。

1. 代表中国人的健身运动是什么？
2. 代表韩国的运动是什么？
3. 徒映在哪儿看过太极拳？
4. 跆拳道的动作快还是太极拳的动作快？

你想学太极拳吗？如果想学，为什么想学？如果不想学，为什么不想学？

 새로나온단어 

带	dài	동	데려오다, 거느리다, 앞장서다, 인솔하다
公园	gōng yuán	명	공원
散步	sàn bù	동	산책하다
减肥	jiǎn féi	동	다이어트하다
湖边	hú biān		호숫가
干	gàn	동	~하다
太极拳	tài jí quán	명	태극권
健身	jiàn shēn	동	몸을 튼튼히 하다
运动	yùn dòng	동	운동하다
外形	wài xíng		외형
动作	dòng zuò	동	동작
内功	nèi gōng	명	내공
性急	xìng jí	형	성질이 급하다
练	liàn	동	연마하다, 연습하다
基本	jī běn	명	기본
西瓜	xī guā	명	수박

切	qiè	동	자르다
代表	dài biǎo	명, 동	대표(하다)
跆拳道	tái quán dào	명	태권도
遇到	yù dào	동	부딪히다
流氓	liú máng	명	깡패, 불량배
简单	jiǎn dān	형	간단하다
示范	shì fàn	명, 동	시범(보이다)
嘲笑	cháo xiào	명, 동	비웃다
踢	tī	동	차다
中	zhòng	동	맞추다, 맞다. 명중하다, 명중시키다

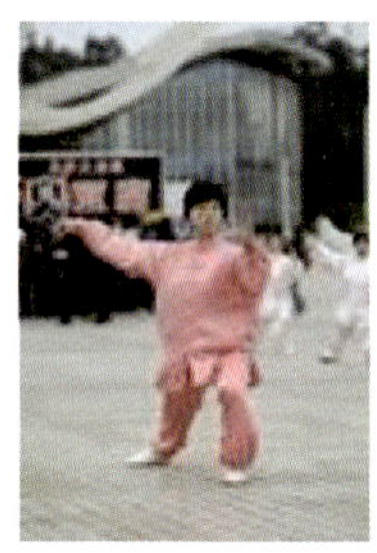

문화상식한토막

太极拳은 中国을 대표하는 운동중의 하나다. 정신없는 하루를 시작하는 아침, 교정 혹은 공원에서는 오히려 차분하게 하루를 맞이하는 모습을 어렵지 않게 볼 수 있다. 절제된 호흡과 动作의 太极拳은 모진 역경 속에서도 오늘이라는 中国을 만들 수 있었던 힘의 원천을 보여주는 듯 하기도하다.

1. 아래 단어를 이용하여 문장을 만드시오.
① 나는 이 영화를 세 번 봤다.

看　　　我　　　把　　　这　　　电影　　　部　　　了　　　三遍

② 너 그 책 좀 내게 줘.

你　　　那本　　　给　　　我　　　把　　　书

③ 엄마는 남동생을 중국에 데려다 주셨어.

妈妈　　　送到　　　把　　　弟弟　　　中国　　　去了

④ 우리 이 문제를 연구해보자.

我们　　　研究一下　　　把　　　问题　　　这个

⑤ 내가 그 사람의 옷을 더렵혔어.

他　　　我　　　把　　　的　　　弄脏　　　衣服　　　了

2. 아래 빈칸을 동사의 중첩을 이용해 채워넣으시오.
① 这是我做的菜，你_____（尝）。
② 过来，我们________（聊）天吧。
③ 他在家里没事做，每天________（看）电视。
④ 晚上我们出去__________（散）步吧。
⑤ 今天你辛苦了，好好儿 ________（休息）吧。

3. 새로 나온 단어를 이용하여 빈칸을 채우시오.
① 在湖边上有________多老人，干什么？
② 它既要练外形________，也要练内功。
③ 老了以后________吧。
④ 你________简单的动作________我示范一下。
⑤ ________把我的大肚子被你踢中了。

4. 제시어를 이용하여 간단한 작문이나 대화를 만들어 보시오.

    ㉠ 太极拳的动作慢。

       我不喜欢练太极拳。

跆拳道   太极拳   动作   快   慢

5. 녹음을 들고, 내용과 가장 근접한 단어의 그림을 찾으시오.

(   )   (   )   (   )   (   )   (   )

人民币与韩币

知道RMB是什么吗？

이 과에서는

- 让，叫
- 说不定
- 要不是

第6 人民币与韩币

知道RMB是什么吗？

摘要

中国的货币叫人民币。一块到一百块钱上的人是毛泽东。他是建立中华人民共和国的人。外国人在中国要用人民币。不过，假币比较多。换钱的时候要特别注意。

어법 Point

让，叫

1 시키다, 명령하다의 뜻이며, 请, 要와 같은 의미를 나타낸다.

① 妹妹让我替她喝中药（zhōng yào: 한약）。
② 我的男朋友让我跟他一起去中国。
③ 妈妈让爸爸等她一下。
④ 她叫你立刻（lì kè: 즉시）过去。
⑤ 我叫你不要喝酒，你又喝酒了。

2 동의의 뜻을 가진다.

① 你让我走吧。
② 让我用用你的手机。
③ 让我嫁（jià: 시집가다）给你。

3 让은 被의 뜻도 있다.

① 车子让我妈妈开走了。
② 电脑让我给弄坏了。
③ 窗户让风吹（chuī: 불다）开了。

- 说不定
- 要不是

1 说不定

'확실히 말할 수 없다', '~일지도 모른다'로 해석된다.

① A: 她生病了，今天肯定不能来。

  B: 说不定，以前她生病的时候也来了。

② 如果你没给他打电话，说不定他已经走了。

③ A: 飞机能准时起飞吗?

  B: 说不定。最近天气变化很大。

2 要不是

'만일 ~이 아니었더라면', '만일 ~ 이 없었더라면'으로 해석된다.

① 要不是台风，我现在可能在中国了。

② 要不是你，就不会有今天的她了。

③ 要不是世宗大王，就不会有韩字。

徒映：没钱了，该去换钱了。
Méi qián le, gāi qù huàn qián le。

亦心：上次你被骗，这次你让我陪你去吧。你在银行换钱吗?
Shàng cì nǐ bèi piàn, zhè cì nǐ ràng wǒ péi nǐ qù ba。Nǐ zài yín háng huàn qián ma?

徒映：哈哈！谢谢！我在学校后门换钱。
Hā hā! Xiè xie! Wǒ zài xué xiào hòu mén huàn qián。

亦心：那儿假币多，我叫你要特别注意，你不留意。
Nàr jiǎ bì duō, wǒ jiào nǐ yào tè bié zhù yì, nǐ bù liú yì。

徒映：我真没想到。活该！谁让我那么大意。
Wǒ zhēn méi xiǎng dào。Huó gāi! Shéi ràng wǒ nà me dà yì。

亦心：要不是那次的经验，说不定这次又被骗了。
Yào bú shì nà cì de jīng yàn, shuō bu dìng zhè cì yòu bèi piàn le。

亦心：为什么把五十块钱贴在那儿?
Wèi shén me bǎ wǔ shí kuài qián tiē zài nàr?

徒映：那是假币。我气得把它贴在那儿了。我怎么能把它花掉呢?
Nà shì jiǎ bì。Wǒ qì de bǎ tā tiē zài nàr le。Wǒ zěn me néng bǎ tā huā diào ne?

亦心：这个嘛，你让我想想办法。这个方面我很有经验。
Zhè ge ma, nǐ ràng wǒ xiǎng xiang bàn fǎ。Zhè ge fāng miàn wǒ hěn yǒu jīng yàn。

徒映：你真能干。对了，五十块钱上的那个人是谁?
Nǐ zhēn néng gàn。Duì le, wǔ shí kuài qián shang de nà ge rén shì shéi?

亦心：毛泽东。一百块钱上的也是毛泽东。上次你给我的一万韩币上的人物呢?
Máo zé dōng。yì bǎi kuài qián shang de yě shì máo zé dōng。Shàng cì nǐ gěi wǒ de yí wàn hán bì shàng de rén wù ne?

徒映：朝鲜时代的世宗大王，是创造韩文的。
Cháo xiǎn shí dài de shì zōng dà wáng, shì chuàng zào hán wén de。

亦心：在那上面的不会是仿冒世宗大王吧? 你可别让我失望啊！
Zài nà shàng miàn de bú huì shì fǎng mào shì zōng dà wáng ba? Nǐ kě bié ràng wǒ shī wàng a!

徒映：说不定。下次你来韩国试试。
Shuō bu dìng。Xià cì nǐ lái hán guó shì shi。

1. 徒映为什么把五十块钱贴在那儿？
2. 在人民币五十块钱上的人物是谁？
3. 在人民币一百块钱上的人物是谁？他做了什么？
4. 在韩币一万块钱上的人物是谁？他做了什么？

如果你在中国发现假币，怎么办？

새로 나온 단어

陪	péi	동	동반하다, 모시다
特别	tè bié	부	특히
贴	tiē	동	붙이다
银行	yín háng	명	은행
注意	zhù yì	동	주의하다
留意	liú yì	동	신경쓰다
仿冒	fǎng mào	동	모조품을 제조하다
活该	huó gāi	조동	~한 것은 당연하다
大意	dà yì	형	부주의 하다
办法	bàn fǎ	명	방법
假币	jiǎ bì	명	위조화폐
小心	xiǎo xīn	동	조심하다
花	huā	동	낭비하다, 쓰다
		명	꽃
着急	zháo jí	동	조급하다, 애태우다
经验	jīng yàn	명	경험
方面	fāng miàn	명	방면, 분야, 측

能干	néng gàn	형	재능이 뛰어나다, 유능하다
上次	shàng cì	명	먼저 번
毛泽东	Máo zé dōng	명	모택동
世宗大王	Shì zōng dà wáng	명	세종대왕
人物	rén wù	명	인물
创造	chuàng zào	동	만들다, 창조하다
韩文	Hán wén	명	한글
失望	shī wàng	동	실망하다
下次	xià cì	명	다음 번

문화상식한토막

中国에는 假币가 많기로 유명하다. 假币가 발견되었다 해도 그다지 대수롭지 않게 여긴다. 물건을 살 때 계산대 한 켠에 놓인 작은 기계를 볼 수 있는데 이것은 바로 화폐의 진위여부를 판별하는 감식기다. 감식기 외에 아날로그적인 방법으로 진위를 판별하는 경우가 있으나 초보자들에게는 그리 쉽지 않다. 때문에 假币로 인한 낭패를 막기 위해서는 스스로 조심하는 방법 밖에 없다.

1. 아래 문장을 让과 叫에 주의하여 한국어로 옮기시오.
① 妈妈让我去中国吧。

② 他让我告诉你，他明天不能来。

③ 谁叫你出去玩。

④ 老师叫我学英语。

⑤ 我的车子让别人开走了。

2. 아래에서 적당한 표현을 골라 문장을 채우시오.

老师的帮助	你不给我借钱	他没迟到

① 要不是＿＿＿＿＿＿，我的儿子早就离家出走了。
② 要不是＿＿＿＿＿＿，这次考试我就第二名了。
③ 要不是＿＿＿＿＿＿，我变成穷光蛋（qiōng guāng dàn: 거지）了。

3. 새로 나온 단어를 이용하여 빈칸을 채우시오.
① 这次你＿＿＿＿我陪你去吧。
② 我＿＿＿＿你特别要注意。
③ ＿＿＿＿＿＿那次的经验，说不定这次又被骗。
④ 这个方面我很有＿＿＿＿＿。
⑤ 你可别让我＿＿＿＿＿啊!

4. 제시어를 이용하여 간단한 작문이나 대화를 만들어 보시오.

　　㉠ 假币很多，你要注意
　　　气死了，这是假币。

假币　　　　　毛泽东　　　　　世宗大王　　　　注意

5. 녹음을 듣고, 내용과 가장 근접한 단어의 그림을 찾으시오.

(   )   (   )   (   )   (   )   (   )

中国菜与韩国菜

你吃过中国菜和韩国菜吗？

이 과에서는

- 가능보어
- 就 와 才
- 不仅~而且

第7 中国菜与韩国菜

你吃过中国菜和韩国菜吗？

摘要

中国人非常讲究吃。大部分的菜都是炒的。很多韩国人觉得中国菜太油腻。不过，时间长了不仅吃得惯，而且会爱吃中国菜。吃完中国菜，喝一杯茶，就发现中国菜的魅力了。

어법 Point

- 가능보어
  - ➡ 긍정문
  - ➡ 부정문
  - ➡ 의문문

1 가능보어

가능보어는 '~할 수 있다'는 의미로 동사 뒤에 쓰여서 동작의 가능성 여부를 설명한다.

2 긍정문

① 他写的字，我看得懂。
② 你不要扶（fú: 부축하다）我，我还走得动。
③ 他说广东话，我听得懂。
④ 这个行李（xíng li: 짐）不重，我自己拿得动。

3 부정문

① 新房子，我住不惯。
② 我妈妈整天批评我，但我还是听不惯。
③ 他说广东话，我听不懂。
④ 这个行李太重，我自己拿不动。

4 의문문

① 你妈妈整天批评你，你听得惯吗？（＝听得惯听不惯？）

② 他说广东话，你听得懂吗？（＝听得懂听不懂？）

③ 这个行李太重，你拿得动吗？（＝拿得动拿不动？）

주요구문

- '就'와 '才'
- 不仅~而且

1 '就'와 '才'

'就'

발화자의 입장에서 비교적 빠름을 의미한다.

① 老师说了一遍，她就懂了。

② 她的儿子三岁就开始学英语。

③ 我的奶奶十八岁的时候就结婚了。

'才'

발화자의 입장에서 비교적 느림을 의미한다.

① 老师说了好几遍，她才懂了。

② 他的女儿二十岁才开始学汉语。

③ 我妈妈四十岁才生孩子。

2 不仅~而且

~할 뿐 아니라 ~하다

① 她不仅不吃中国菜，而且不吃日本菜。

② 他的女朋友不仅漂亮，而且很可爱。

③ 他的男朋友不仅会喝酒，而且喝得很多。

徒映：这次韩国旅行怎么样？才去了几天，你怎么显得更瘦了？
Zhè cì Hán guó lǚ xíng zěn me yàng? Cái qù le jǐ tiān, nǐ zěn me xiǎn de gèng shòu le?

亦心：还不错。不过，吃了几天的韩国菜，不知不觉瘦了很多。
Hái bú cuò。bú guò, chī le jǐ tiān de hán guó cài, bù zhī bù jué shòu le hěn duō。

徒映：你吃了哪些菜？
Nǐ chī le nǎ xiē cài?

亦心：拌饭、烤肉、泡菜、参鸡汤、豆浆汤、生鱼片等。
Bàn fàn, kǎo ròu, pào cài, shēn jī tāng, dòu jiāng tāng, shēng yú piàn děng。

徒映：你是不是觉得韩国菜不仅种类不多，而且都很辣。
Nǐ shì bu shì jué de hán guó cài bù jǐn zhǒng lèi bù duō, ér qiě dōu hěn là。

亦心：说实话，韩国菜不太适合我的口味，吃不惯。
Shuō shí huà, hán guó cài bú tài shì hé wǒ de kǒu wèi, chī bu guàn。

徒映：我刚到中国的时候，也吃不惯中国菜。
Wǒ gāng dào zhōng guó de shí hou, yě chī bu guàn zhōng guó cài。

亦心：你当初为什么不吃中国菜，这次韩国旅行的时候才知道了。
Nǐ dāng chū wèi shén me bù chī zhōng guó cài, zhè cì Hán guó lǚ xíng de shí hou cái zhī dào le。

亦心：你天天吃中国菜，吃得惯吗？
Nǐ tiān tiān chī zhōng guó cài, chī de guàn ma?

徒映：中国菜太油腻。可是，慢慢习惯了。现在不仅吃得惯，而且爱吃中国菜。
Zhōng guó cài tài yóu nì。kě shì, màn màn xí guàn le。Xiàn zài bù jǐn chī de guàn, ér qiě ài chī zhōng guó cài。

亦心：那倒是。你现在连口味都中国化了，更是个中国通了。
Nà dào shì。Nǐ xiàn zài lián kǒu wèi dōu zhōng guó huà le, gèng shì ge zhōng guó tōng le。

徒映：还差的远，我仍然不能吃香菜，哪里配得上中国通呢。
Hái chà de yuǎn, wǒ réng rán bù néng chī xiāng cài, nǎ li pèi de shang zhōng guó tōng ne。

亦心：你回韩国之后想吃中国菜，怎么办？
Nǐ huí Hán guó zhī hòu xiǎng chī zhōng guó cài, zěn me bàn?

徒映：去年放假回国，我炒大白菜，可是，味道奇怪。
Qù nián fàng jià huí guó, wǒ chǎo dà bái cài, kě shì, wèi dào qí guài。

亦心：肯定你不会做菜，你会做泡菜吗？
Kěn dìng nǐ bú huì zuò cài, nǐ huì zuò pào cài ma?

徒映：只看过妈妈做的，自己没做过呢！
Zhǐ kàn guo mā ma zuò de, zì jǐ méi zuò guo ne!

 问答

1. 亦心从韩国回来为什么瘦了很多？
2. 亦心觉得韩国菜怎么样？
3. 徒映觉得中国菜怎么样？
4. 徒映现在仍然不敢吃的是什么？

 请谈谈

你简单的谈一下中国菜和韩国菜的特点。

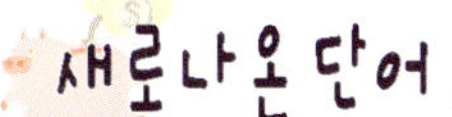 새로나온단어 

魅力	mèi lì	명	매력
讲究	jiǎng jiu	동	중히 여기다. 신경을 쓰다
旅行	lǚ xíng	동, 명	여행(하다)
显得	xiǎn de	동	두드러지다
瘦	shòu	형	마르다
不知不觉	bù zhī bù jué		자신도 모르는 사이에
拌饭	bàn fàn	명	비빔밥
烤肉	kǎo ròu	명	불고기
参鸡汤	shēn jī tāng	명	삼계탕
豆浆汤	dòu jiāng tāng	명	된장국
生鱼片	shēng yú piàn	명	회
明白	míng bái	형	확실하다, 분명하다
种类	zhǒng lèi	명	종류
辣	là	형	맵다
说实话	shuō shí huà		사실대로 말하면
味道	wèi dào	명	맛
奇怪	qí guài	형	이상히 여기다

口味	kǒu wèi	명	입맛
油腻	yóu nì	명	느끼하다
习惯	xí guàn	명	습관
当初	dāng chū	명	당초, 처음, 이전
那倒是	nà dào shì		그건 그래
配	pèi	동	해당하다, 맞먹다
差	chà	명	상이점, 다름, 차이
肯定	kěn dìng	부	확실히, 틀림없이
中国通	zhōng guó tōng	명	중국 전문가
仍然	rēng rán	부	여전히

문화상식한토막

中国菜는 불의 요리라 할 수 있다. 또한 中国菜에서 빠질 수 없는 것이 바로 기름이다. 중국인들이 茶를 즐겨 마시는 것은 中国菜과 깊은 관계를 갖고 있기 때문이다. 茶는 기름을 용해시키는 데 큰 작용을 하고 있는 것이다. 담백함에 익숙한 韩国人이 만약 中国人과 같은 양의 茶를 마신다면 위에 부담을 가져올 것이다. 알고 마시는 茶가 건강에 좋다는 것을 기억해야 할 듯하다. 참고로 중국인들은 아침식사를 아주 간단히 해결하는 편이며, 출근길에 사 먹는 경우도 상당히 많다.

1. 就나 才를 이용하여 빈칸을 채우시오.

① 八点钟有课，她八点钟＿＿＿起床。

② 她高中毕业＿＿＿结婚了。

③ 明天是考试，她今天＿＿知道。

④ 我说下午来，现在才十一点钟，她＿＿＿来了。

⑤ 这么简单的书，她花了三天的时间＿＿＿看完了。

2. 아래에서 적당한 표현을 골라 문장을 채우시오.

看不惯　　走不了　　吃不下　　看不完　　买不起

① 她的头发太短了，我＿＿＿＿＿＿＿＿＿＿。

② 我的腿很疼，＿＿＿＿＿＿＿＿＿＿＿。

③ 吃饱了，我＿＿＿＿＿＿＿＿＿＿＿。

④ 这么多书，今天晚上＿＿＿＿＿＿＿＿＿＿。

⑤ 这件衣服太贵，我＿＿＿＿＿＿＿＿＿＿。

3. 不仅~而且를 사용하여 문장을 만드시오.

① ＿＿＿＿＿贵＿＿＿＿＿不好看

② ＿＿＿＿＿骂＿＿＿＿＿打

③ ＿＿＿＿＿多＿＿＿＿＿大

4. 새로 나온 단어를 이용하여 빈칸을 채우시오.

① 韩国菜＿＿＿＿种类不多，＿＿＿＿＿都很辣。

② 韩国菜不太适合我的口味，＿＿＿＿＿。

③ 你＿＿＿＿为什么不吃中国菜，这次韩国旅行的时候才知道了。

④ 你现在连口味都＿＿＿＿＿了。

⑤ 只看过妈妈做的，自己＿＿＿＿做＿＿＿＿呢!

5. 제시어를 이용하여 간단한 작문이나 대화를 만들어 보시오.

> 例） 中国菜怎么样?
> 我喜欢吃中国菜。

中国菜　　　　韩国菜　　　　辣　　　　油腻　　　　味道

6. 녹음을 듣고, 내용과 가장 근접한 단어의 그림을 찾으시오.

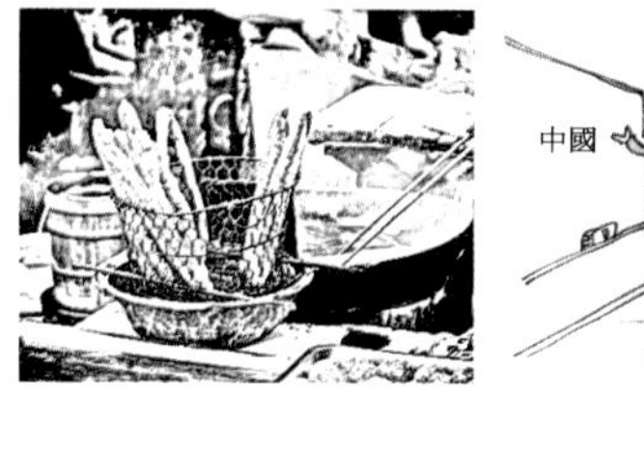 

(　　　)　　　(　　　)　　　(　　　)　　　(　　　)

第 **8** 课

白酒和烧酒

你喝过白酒和烧酒吗？

이 과에서는

- 정도보어
- 一~就
- 既然~那么

第8课 白酒和烧酒

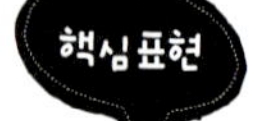

你喝过白酒和烧酒吗?

摘要

中国地大，喝酒的习惯也不同。有的地方的人不太喜欢喝酒，有的地方的人一喝酒就喝到天亮。中国人爱喝白酒。中国有四大名酒：五粮液、茅台酒、汾酒、洋河酒。他们说喝白酒头不太疼。

어법 Point

- 정도보어
  - ➡ 긍정문
  - ➡ 부정문
  - ➡ 의문문

1. 정도보어

동사나 형용사 뒤에 쓰여 어떤 동작의 진행되는 상황, 결과, 수량 등을 보충 설명하거나, 어떤 성질과 상태의 정도를 보충 설명하는 성분.

2. 긍정문

① 我妈妈来得很早。
② 他女朋友要去中国，他难过得要命。
③ 我的儿子每天睡得很晚。

동사가 목적어가 있으면서 정도보어를 쓸 때는 동사를 반복한 다음 得와 보어를 덧붙인다. 동사가 중복되어 쓰일 때 앞의 동사 생략 가능.

① 我爸爸（唱）歌唱得很好。
② 我的中国朋友（说）韩语说得很好。
③ 我的爱人（吃）饭吃得很快。

3 부정문

① 我爸爸唱歌唱得不好。
② 我的中国朋友说韩语说得不太好。
③ 我的爱人吃饭吃得不快。

4 의문문

① 你爸爸唱得好吗?
② 你的朋友韩语说得好不好?
③ 你的爱人饭吃得快吗?

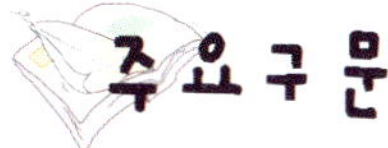

주요구문

👤 一 ~ 就
👤 既然 ~ 那么

1 一 ~ 就

‘~하기만 하면 ~하다’와 ‘~하자마자 ~하다’의 두 가지의 의미를 지닌다.

첫째, 조건에 따라 바로 발생되는 결과를 의미한다.
① 妈妈一看到我就生气。
② 每次我一来他就走。
③ 我一回家妈妈就催我洗手。

둘째, 두 가지 동작이 연이어 일어날 때 사용된다.
① 我一到中国就给男朋友打电话。
② 我弟弟一吃完晚饭就出去玩。
③ 老师一来就开始批评我们。

2 既然 ~ 那么

既然 a, 那 / 就 b, ‘이왕에 a하니 b하자’는 의미를 나타낸다.
① 你既然来了,就在这儿多呆几天吧。
② 既然学汉语,那就好好学习。
③ 既然喝酒,我们就痛痛快快地喝吧。

徒映：我可以再喝一瓶烧酒吗？
Wǒ kě yǐ zài hē yì píng shāo jiǔ ma?

亦心：你已经喝得不少了，受得了吗？
Nǐ yǐ jīng hē de bù shǎo le, shòu de liǎo ma?

徒映：当然能喝。还喝得不够。
Dāng rán néng hē. hái hē de bú gòu.

亦心：我一喝酒就脸红。你既然那么喜欢喝酒，就喝白酒吧。
Wǒ yì hē jiǔ jiù liǎn hóng. Nǐ jì rán nà me xǐ huan hē jiǔ, jiù hē bái jiǔ ba.

徒映：不行，我一喝白酒，就会喝醉，发酒疯.
Bù xíng, wǒ yì hē bái jiǔ, jiù huì hē zuì, fā jiǔ fēng.

亦心：韩国人不爱喝白酒吗? 白酒虽然很烈，可是喝了之后头不疼。
Hán guó rén bú ài hē bái jiǔ ma? Bái jiǔ suī rán hěn liè, kě shì hē le zhī hòu tóu bù téng.

徒映：喝白酒喝得很少。大部分的人爱喝烧酒。
Hē bái jiǔ hē de hěn shǎo. Dà bù fēn de rén ài hē shāo jiǔ.

徒映：我要买一瓶茅台酒送大哥。
Wǒ yào mǎi yì píng máo tái jiǔ sòng dà gē.

亦心：你哥哥能喝白酒吗?
Nǐ gē ge néng hē bái jiǔ ma?

徒映：他是酒鬼。上次我买一瓶茅台酒送过去，他高兴得跳了起来。
Tā shì jiǔ guǐ. shàng cì wǒ mǎi yì píng máo tái jiǔ sòng guo qu, tā gāo xìng de tiào le qǐ lái.

亦心：你也应该尝尝中国的四大名酒，了解一下中国的酒文化。
Nǐ yě yīng gāi cháng chang zhōng guó de sì dà míng jiǔ, liǎo jiě yí xià Zhōng guó de jiǔ wén huà.

徒映：那你先得喝烧酒。
Nà nǐ xiān děi hē shāo jiǔ.

亦心：上次我在韩国已经尝过，也体验过韩国独特的酒文化。
Shàng cì wǒ zài Hán guó yǐ jīng cháng guo, yě tǐ yàn guo Hán guó dú tè de jiǔ wén huà.

徒映：你也要学学。
Nǐ yě yào xué xue.

亦心：我发现有些韩国人喝酒喝得很快，我跟不上。
Wǒ fā xiàn yǒu xiē hán guó rén hē jiǔ hē de hěn kuài, wǒ gēn bu shàng.

 ## 问答

1. 中国人喜欢喝什么酒？
2. 中国人为什么喜欢喝白酒？
3. 韩国人喜欢喝什么酒？
4. 茅台酒是中国的几大名酒之一？

 ## 请谈谈

你喝过白酒吗？你喜不喜欢喝白酒？

 ## 새로 나온 단어

五粮液	wǔ liáng yè	명	다섯 가지 곡물로 빚은 술(중국 四川省에서 생산)
茅台酒	máo tái jiǔ	명	모태주(구이저우 성 런화이 현 마오타이 진산의 유명한 술) 중국 贵州省에서 생산
汾酒	fén jiǔ	명	중국 山西省에서 생산
洋河酒	yáng hé jiǔ	명	중국 江苏省에서 생산
小姐	xiǎo jiě	명	아가씨
已经	yǐ jīng	부	이미, 벌써
瓶	píng	양	병의 양사
烧酒	shāo jiǔ	명	소주
远	yuǎn	형	멀다
脸红	liǎn hóng	동	얼굴이 빨개지다
白酒	bái jiǔ	명	백주
喝醉	hē zuì	동	술에 취하다
偶尔	ǒu ěr	부	가끔
大部分	dà bù fēn	부	대부분
了解	liǎo jiě	동	이해하다

烈	liè	형	강렬하다
头疼	tóu téng	형	머리가 아프다
四大名酒	sì dà míng jiǔ	명	사대명주
之一	zhī yī		~중의 하나
尝	cháng	동	맛보다
应该	yīng gāi	부	마땅히
体验	tǐ yàn	동, 명	체험(하다)
独特	dú tè	형	독특하다. 특유하다. 기발하다

문화상식한토막

韩国에 烧酒가 있다면 中国에는 그 유명한 白酒가 있다. 또한 가짜 白酒도 많이 생산되고 있으며 심지어 목숨까지 잃는 경우도 종종 발생하고 있다. 그러나 만약 진품 白酒를 마셔본다면 그 매력에 빠지게 되는 경우가 많을 것이다. 독하고 역겨운 냄새와는 달리 마신 뒤 의외로 깔끔함을 맛볼 수 있다.

1. 아래 에서 적당한 표현을 골라 문장을 채우시오.

吃得饱	睡得不好	打得很快	写得不太好	看得多

① 你做的菜都很好吃，我 ＿＿＿＿＿＿＿＿＿。
② 那种小说，我 ＿＿＿＿＿＿＿＿ 。
③ 这个字＿＿＿＿＿＿＿ 。
④ 你打电脑＿＿＿＿＿＿ 。
⑤ 我头疼，昨天 ＿＿＿＿＿＿＿ 。

2. '一~就'를 사용하여 문장을 완성하시오.
① ＿＿＿喝酒 ＿＿＿ 唱歌。
② ＿＿＿起床 ＿＿＿ 做作业。
③ ＿＿＿吃饭 ＿＿＿ 肚子不舒服。

3. '既然'을 이용하여 문장을 완성하시오.
① 既然你不喜欢他，＿＿＿＿＿＿＿＿＿。
② 既然喝酒，＿＿＿＿＿＿＿＿。
③ 既然来了中国，＿＿＿＿＿＿＿＿。

4. 새로 나온 단어를 이용하여 빈칸을 채우시오.
① 我＿＿＿喝酒＿＿＿脸红。
② ＿＿＿那么喜欢喝酒，＿＿＿喝白酒吧。
③ 白酒＿＿＿＿很凶，＿＿＿＿喝了以后头不疼。
④ 你也应该尝尝中国的＿＿＿＿＿＿。
⑤ ＿＿＿＿＿过韩国独特的酒文化。

5. 제시어를 이용하여 간단한 작문이나 대화를 만들어 보시오.

　　예 白酒很凶。
　　　一喝白酒就头疼。

白酒	烧酒	喝醉	头疼	烈

6. 녹음을 듣고, 내용과 가장 근접한 단어의 그림을 찾으시오.

(   )　　　　(   )　　　　(   )　　　　(   )

喜糖与面条

韩国和中国在婚礼上有什么差别?

이 과에서는

- 비교문 比，不如
- ~跟~比起来~
- 不会吧
- 有的是

韩国和中国在婚礼上有什么差别?

中国的结婚仪式跟韩国不同。中国人结婚之前，先发请帖后发喜糖。结婚那天新郎到新娘家接新娘。新娘家门口放鞭炮，很热闹，这就是他家女儿要出嫁的意思。酒席大部分摆在晚上。闹洞房比韩国还厉害。

어법 Point

비교문 比，不如

1 비교문 比，不如

A+比+B	A+不如+B
A가 B보다 낫다.	A는 B만 못하다.
① 哥哥比弟弟大。	弟弟不如哥哥大。
② 姐姐比妹妹漂亮。	妹妹不如姐姐漂亮。
③ 这本书比那本书精彩。	那本书不如这本书精彩。

2 부정문

① 哥哥的个子不比弟弟高。
② 姐姐不比妹妹漂亮。
③ 这本书不比那本书精彩。

3 A+比+B+更/还+형용사

A가 B보다 훨씬 ~하다.
① 妈妈很漂亮，我比妈妈还漂亮。
② 昨天很冷，今天比昨天更冷。
③ 她吃得快，我吃得比她还快。

- ~跟~比起来~
- 不会吧
- 有的是

1 ~跟~比起来~

'~와 비교했을 때, ~이~'로 해석된다. 일반적으로 '哪', '谁', '什么', '怎么' 등의 의문대사가 붙은 의문구가 따라온다.

① 儿子跟女儿比起来，谁更听话？
② 红色跟蓝色比起来，哪个更漂亮？
③ 钱跟健康比起来，哪个更重要？

2 不会吧

'그럴 리가 없다'로 해석된다.

① A: 他昨晚离家出走（lí jiā chū zǒu: 집을 나가다）了。
   B: 他那么老实（lǎo shí: 성실하다），不会吧。
② A: 明天要下大雨。
   B: 不会吧，天气这么好怎么会下雨？
③ A: 她的男朋友被炒鱿鱼了（chǎo yóu yú: 오징어볶음, 실직당하다）。
   B: 他那么能干，不会吧。

3 有的是

'많이 있다', '얼마든지 있다'로 해석된다.

① 我有的是时间，欢迎随时（suí shí: 언제든지）来。
② 这儿有的是酒，尽情（jìn qíng: 마음껏）喝吧。
③ 在上海有的是高楼大厦，真繁华(fán huá: 번화하다）。

Part 1

亦心：你什么时候给我吃喜糖？

Nǐ shén me shí hou gěi wǒ chī xǐ táng?

徒映：可能你比我先发喜糖了。我可能比你晚一点。

Kě néng nǐ bǐ wǒ xiān fā xǐ táng le。wǒ kě néng bǐ nǐ wǎn yì diǎn。

亦心：不会吧。我既没有找到合适的对象，也没有固定的工作。

Bú huì ba。Wǒ jì méi you zhǎo dào hé shì de duì xiàng, yě méi you gù dìng de gōng zuò。

徒映：你想要什么样的对象？钱，外貌，性格比起来，哪个更重要？

Nǐ xiǎng yào shén me yàng de duì xiàng? Qián, wài mào, xìng gé bǐ qǐ lái, nǎ ge gèng zhòng yào?

亦心：不能比，三个都重要。

Bù néng bǐ, sān ge dōu zhòng yào。

徒映：看来，我可能比你先发喜糖。我的要求没有你高。

Kàn lái, wǒ kě néng bǐ nǐ xiān fā xǐ táng。Wǒ de yāo qiú méi you nǐ gāo。

Part 2

徒映：我回国要吃面条了。

Wǒ huí guó yào chī miàn tiáo le。

亦心：这里有的是面条，何必去韩国吃面条？

Zhè li yǒu de shì miàn tiáo, hé bì qù hán guó chī miàn tiáo?

徒映：以前韩国人结婚的时候吃面条。久而久之成了传统了。

Yǐ qián hán guó rén jié hūn de shí hou chī miàn tiáo。Jiǔ ér jiǔ zhī chéng le chuán tǒng le。

亦心：原来是这样。你要参加谁的婚礼？

Yuán lái shì zhè yàng。Nǐ yào cān jiā shéi de hūn lǐ?

徒映：我的高中同学。她比我大一岁。比我们先进"人生的坟墓"。

Wǒ de gāo zhōng tóng xué。Tā bǐ wǒ dà yí suì。Bǐ wǒ men xiān jìn "Rén shēng de fén mù"

亦心：不一定。也许结婚是"人生的天堂"。人家结婚应该祝贺一下。

Bù yí dìng。yě xǔ jié hūn shì "Rén shēng de tiān táng"。Rén jiā jié hūn yīng gāi zhù hè yí xià。

徒映：我没有你那样乐观。

Wǒ méi you nǐ nà yàng lè guān。

1. 中国人结婚的时候发什么？
2. 韩国人婚礼的时候吃什么？
3. 徒映要参加谁的婚礼？
4. 钱、外貌、性格比起来、亦心觉得哪个最重要？

请谈谈

钱、外貌、性格比起来、你觉得哪个最重要？ 为什么？

 새로나온단어 

喜糖	xǐ táng	명	혼례 때에 사람들에게 나눠주는 사탕
新娘	xīn niáng	명	신부
新郎	xīn láng	명	신랑
出嫁	chū jià	동	시집가다
洞房	dòng fáng	명	신방
酒席	jiǔ xí	명	술자리, 술좌석, 연석
发	fā	동	보내다
合适	hé shì	형	적합하다
对象	duì xiàng	명	마음에 둔 사람, 결혼 상대
固定	gù dìng	형	고정
工作	gōng zuò	명	일, 작업
外貌	wài mào	명	외모
性格	xìng gé	명	성격
要求	yāo qiú	동	요구하다
何必	hé bì	부	꼭 ~할 필요가 있을까, ~할 필요가 없다

结婚	jié hūn	명	결혼
仪式	yí shì	명	의식
久而久之	jiǔ ěr jiǔ zhī	형	오랜 세월
参加	cān jiā	동	참가하다
婚礼	hūn lǐ	명	혼례
高中	gāo zhōng	명	고등학교
人生	rén shēng	명	인생
坟墓	fén mù	명	무덤
天堂	tiān táng	명	천당
祝贺	zhù hè	명	축하하다
乐观	lè guān	형	낙관적(이다)
人家	rén jiā	대	남, 다른 이, 상대에 대하여) 나
请帖	qǐng tiě	명	안내장, 초대장

문화상식한토막

개혁개방 이전 대부분의 中国人들은 结婚典礼 (diǎn lǐ: 의식)라는 형식보다 혼인신고만을 통해 부부가 되었다. 그러나 최근 많은 젊은이들은 그 누구보다 화려한 结婚典礼를 치루고 싶어 한다. 新郎은 아침부터 新娘의 집에 가 新娘을 데리고 야외촬영을 하고, 다시 신혼집으로 가 화려한 폭죽을 터뜨리고 난 후 오후 늦게서야 결혼식장으로 가게 된다. 피로연은 주로 저녁 시간에 이루어지며 新郎新娘은 수 많은 하객들과 하나가 되어 영원히 간직될 추억을 만든다.

1. 보기와 같이 문장을 만드시오.

> **보기** 我买了三个，她买了两个
> →我比她多买了一个。

① 我9点钟来，他9点10分来。
　　___比___早 ___________。
② 奶奶80岁，爷爷77岁。
　　___比___大___________。
③ 我有5块钱，她有15块钱。
　　___比___多___________。
④ 今天30度，昨天28度。
　　___比___高___________。

2. 보기와 같이 문장을 완성하시오.

> **보기** 首儿　　　　　　北京
> →首儿和北京比起来，哪个城市更大？

① 坐汽车　　　　骑车

② 姐姐　　　　　妹妹

③ 爸爸　　　　　妈妈

④ 汉语　　　　　英语

3. 새로 나온 단어를 이용하여 빈칸을 채우시오.
① 可能你______我先发喜糖了。
② 钱，外貌，性格___________，哪个更重要？
③ ___________去韩国吃面条？
④ ___________成了传统了。
⑤ 我________你那样乐观。

4. 제시어를 이용하여 간단한 작문이나 대화를 만들어 보시오.

> ⑩ 结婚的时候最重要的是钱。
> 结婚的时候中国人发喜糖。

结婚　　　　喜糖　　　　外貌　　　　性格　　　　钱

5. 녹음을 듣고, 내용과 가장 근접한 단어의 그림을 찾으시오.

(　　　)　　(　　　)　　(　　　)　　(　　　)　　(　　　)

数字八和数字七

中国人喜欢‘8’这个数字

이 과에서는

- 快（要）~了
- 无论~都
- ~是~
- ~而已

中国人喜欢'8'这个数字

摘要

中国人喜欢双数。其中，最喜欢8字。因为和发财的'发'发音差不多。北京奥运会的开幕式也是八月八日晚上八点开的。送红包的时候，特别重视数字。尤其要避免四。四不是不吉利，而是跟死发音一样，不用而已。

어법 Point

🍯 快（要）~了

1 快（要）~了

'곧~할 것이다' 라는 뜻으로 '要~了', '就要~了'와 의미가 같다.

① 我快要结婚了。
　=我快结婚了。
　=我要结婚了。
　=我就要结婚了。
② 快要放假了。
　=快放假了。
　=要放假了。
　=就要放假了。
③ 我的女儿快要毕业了。
　=我的女儿快毕业了。
　=我的女儿要毕业了。
　=我的女儿就要毕业了。

2 '快（要）~了'에서 '快' 앞에 시간을 나타내는 어휘가 쓰이지 않는다.

① 明天快要结婚了（☹）　→　　快要结婚了（☺）
② 爸爸一会儿快到了（☹）　→　　爸爸快到了（☺）
③ 请稍等，他一个小时后快到了（☹）→ 请稍等，他快到了（☺）

- 无论～都
- ～是～
- ～而已

1 ❤ 无论～都

'～을 막론하고'로 해석된다.

① 无论妈妈同意不同意，我都要跟他结婚。

② 无论你想不想去，你都要去。

③ 无论是韩国人还是日本人，在这儿都要用汉语。

2 ❤ ～是～

'～하기는 하다'로 해석된다.

① 这件衣服贵是贵，可是很好看。

② 这个人好是好，不过常常发脾气。

③ 在首儿的生活方便是方便，可是没有什么特色。

3 ❤ ～而已

'～일 뿐이다' '～일 따름이다' '～에 불과하다' 로 해석된다.

① 你不要生气，我就说说而已。

② 别误会，她和我仅仅是一般朋友而已。

③ 你别吓坏了，我不会买的，只是看看而已。

亦心：快要到我的生日了。8月8日是我的生日。

Kuài yào dào wǒ de shēng rì le。Bā yuè bā rì shì wǒ de shēng rì。

徒映：听说中国人喜欢八字，你有两个八字，肯定会发财呀。

Tīng shuō zhōng guó rén xǐ huan bā zì, nǐ yǒu liǎng ge bā zì, kěn dìng huì fā cái。

亦心：但愿如此。我们无论是大人还是小孩儿都喜欢发财。

Dàn yuàn rú cǐ。Wǒ men wú lùn shì dà rén hái shi xiǎo háir dōu xǐ huan fā cái。

徒映：我们也是。你们好像非常讲究数字，比如，哪个数字吉利，哪个数字不吉利。

Wǒ men yě shì。Nǐ men hǎo xiàng fēi cháng jiǎng jiu shù zì, bǐ rú, nǎ ge shù zì jí lì, nǎ ge shù zì bù jí lì。

亦心：韩国人喜欢什么数字?

Hán guó rén xǐ huan shén me shù zì?

徒映：7字。说是"幸运的数字"。这只是这样的意思而已。每个人都不一样。

Qī zì。shuō shi "xìng yùn de shù zì"。Zhè zhǐ shì zhè yàng de yì si ér yǐ。Měi ge rén dōu bù yí yàng。

亦心：你也喜欢7字吗?

Nǐ yě xǐ huan qī zì ma?

徒映：我可没有特别喜欢的数字。

Wǒ kě méi you tè bié xǐ huan de shù zi。

徒映：我的一个同学就要结婚了，我送多少钱的红包？

Wǒ de yí ge tóng xué jiù yào jié hūn le, wǒ sòng duō shao qián de hóng bāo?

亦心：这个嘛，首先看你跟她的关系，然后看你的经济情况。

Zhè ge ma, shǒu xiān kàn nǐ gēn tā de guān xi, rán hòu kàn nǐ de jīng jì qíng kuàng.

徒映：同学是同学，不过很一般的同学而已。

Tóng xué shi tóng xué, bú guò hěn yì bān de tóng xué ér yǐ.

亦心：那么，可以送二百块钱。中国人认为双数是吉利的，说成双成对。六呢，六六大顺。八呢，发财。十呢，十全十美。不过，四不太适合。

Nà me, kě yǐ sòng èr bǎi kuài qián. Zhōng guó rén rèn wéi shuāng shù shì jí lì de, shuō chéng shuāng chéng duì. Liù ne, liù liù dà shùn. Bā ne, fā cái. Shí ne, shí quán shí měi. Bú guò, sì bú tài shì he.

徒映：这我知道，韩国人也是。因为四是和死发音一样，所以不吉利。

Zhè wǒ zhī dào, hán guó rén yě shì. Yīn wèi sì shì hé sǐ fā yīn yí yàng, suǒ yǐ bù jí lì.

亦心：忌讳是忌讳。但是，四不是不吉利的数字。只是和四发音一样，不用而已。

jì huì shi jì huì. Dàn shì, sì bú shì bù jí lì de shù zì. Zhǐ shì hé sì fā yīn yí yàng, bú yòng ér yǐ.

徒映：看来，无论是中国人还是韩国人，都不想死。

Kàn lái, wú lùn shi zhōng guó rén hái shi hán guó rén, dōu bù xiǎng sǐ.

1. 中国人特别喜欢什么数字？为什么？
2. 中国人认为双数为什么吉利？
3. 中国人什么时候讲究数字？
4. 中国人和韩国人都忌讳什么数字？

你最喜欢什么数字？为什么？你觉得韩国人喜欢的数字是什么？

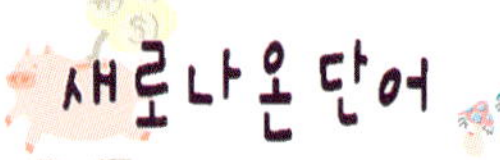
새로나온 단어

奥运会	ào yùn huì		올림픽
开幕	kāi mù	동	개막하다, 시작하다
避免	bì miǎn	동	피하다, 모면하다
而已	ér yǐ	조	~만, ~뿐
生日	shēng rì	명	생일
发财	fā cái	동	재산을 모으다, 돈을 벌다
但愿如此	dàn yuàn rú cǐ		제발 그랬으면 좋겠다
讲究	jiǎng jiu	동	염두에 두다, 중히 여기다
好像	hǎo xiàng	동	마치 ~ 한 것 같다
数字	shù zì	명	숫자
吉利	jí lì	형	길하다, 재수, 운수
平时	píng shí	명	평소에
比方说	bǐ fāng shuō		예를 들면
红包	hóng bāo	명	축하할 때나 연말에 붉은 종이에 싸서 어린이나 심부름꾼, 점원에게 주던 돈
关系	guān xi	명	관계

经济	jīng jì	명	경제
一般	yì bān	형	일반적으로
顺	shùn	동	순조롭다
十全十美	shí quán shí měi		모든 것이 완벽하다
死	sǐ	동	죽다
忌讳	jì huì	동	꺼리다
双数	shuāng shù	명	짝수
双成双对	chéng shuāng chéng duì		짝을 이루다
发音	fā yīn	동	발음

문화상식한토막

中国에서 가장 사랑받고 있는 숫자는 단연 '8'이다. 中国北京奥运会 개막식이 8月 8日 晚上 8点에 펼쳐진 것도 바로 중국인들의 '8'자에 대한 맹목적 사랑과 관련있다. 그러나 나름 일리가 있다. '8'은 '发财'의 '发'와 발음이 가장 흡사하다는 것이다. 개인은 개인대로 国家는 国家대로 부자가 되고 싶은 열망이 中国人들이 좋아하는 숫자에 그대로 녹아있다고 할 수 있다.

1. 아래 문장을 보기와 같이 바꾸시오.

> **보기**　快要放假了＝就要放假了＝快放假了＝要放假了

① 快要下课了，高兴死了！

② 妈妈快要来了，关电视吧。

③ 快要回国了，真难过。

2. 无论~都를 사용하여 보기와 같이 문장을 만드시오.

> **보기**　이 옷이 얼마나 비싸던지, 나는 살 거에요.
> 多贵　　　　　买
> →无论这件衣服多贵，我都要买。

① 나는 당신이 돈이 있던 없던 당신을 좋아해요.
　有没有钱　　　　　　　　喜欢

② 모든 사람들이 다 듣기 싫어해도, 나는 노래를 할 거예요.
　不喜欢听　　　　　　　唱歌

③ 당신이 나를 뭐라 하던 나는 하고 싶은 말을 할 거예요.
　批评　　　　　　　　　说

3. 새로 나온 단어를 이용하여 빈칸을 채우시오.
① ________到我的生日______。
② ________中国人喜欢八字。
③ 你们好象非常________数字。
④ 同学是同学，不过很一般的同学________。
⑤ ________是中国人______韩国人都不想死。

4. 제시어를 이용하여 간단한 작문이나 대화를 만들어 보시오.

> 예) 中国人讲究数字
> 　　4不是不吉利的数字，只是忌讳而已。

发财　　　　　　吉利　　　　　　讲究　　　　　　忌讳

5. 녹음을 듣고, 내용과 가장 근접한 단어의 그림을 찾으시오.

(　　　　)　　　　　　(　　　　)　　　　　　(　　　　)　　　　　　(　　　　)

문장완성하기 게임

주어진 단어카드를 이용해 제시하는 문장을 빨리 표현하는 팀이 이기는 게임입니다. 순발력과 문장구성력 그리고 팀원들의 협조가 필요합니다.

〈게임 순서〉

1. 각 모둠별로 대표를 정합니다.
2. 중국어 단어카드를 모둠의 수에 맞게 칠판에 배치합니다.
3. 선생님이 만들어야 할 문장을 제시합니다.
4. 모둠별 대표가 필요한 단어카드를 골라 조원들에게 나눠줍니다.
   - 문장 어순에 맞게 순서대로 나눠줍니다.
5. 단어카드를 전해 받은 조원들은 카드를 들고 문장을 큰소리로 외칩니다.
6. 문장을 빠르고 정확하게 만드는 팀이 승리합니다.

第 **11**

多民族与单一民族

中国是由56个民族组成的国家，其中55个是少数民族。

이 과에서는 

- '刚才'，'刚刚'，'刚'
- 在와 방위사
- 为的是
- ~都不能~

第11 多民族与单一民族

中国是由56个民族组成的国家，其中55个是少数民族。

摘要

在中国汉族占百分之九十，其他百分之十是少数民族。看起来，汉族和少数民族之间的关系还不错。不过，大大小小的冲突连续发生，这是中国政府所面临的困境。今后如何解决民族之间的矛盾，这不仅是中国的问题，而且是全世界所关注的问题。

어법 Point

● '刚才'，'刚刚'，'刚'

'刚才'，'刚刚'，'刚'은 모두 시간과 관계가 있다.

1 ♥ 차이점

'刚才'는 명사로 과거의 어떤 시간을 가리키며, 주어 전이나 후에 와도 상관없다. '刚刚' 은 부사로 '刚'과 같은 의미를 가진다고 할 수 있으며, 동작발생의 시간을 설명한다. 동사 앞에서만 사용할 수 있다.

① A: 刚才你在干什么?
   B: 刚才我在吃饭。

② A: 你刚才去哪儿了?
   B: 我刚才去他那儿了。

③ A: 我妈妈刚才来过这儿吗?
   B: 刚才她来过这儿。

④ A: 你早就做完作业了?
   B: 不，我刚刚做完（作业）

⑤ A: 他什么时候来的?
   B: 他刚来。

2 '刚才'는 부정형이 없으나, 부정문이 따라 올 수 있다.
　'刚刚'의 부정형은 '不是刚刚＋동사'

① 刚才不下雨，怎么突然下大雨了。
② A: 刚刚开始下雨了吗?
　　B: 不是刚刚下雨，已经下了很长时间了。

3 '刚才'는 단지 현재 이전의 시간 단락과 관계가 있으나, '刚刚'은 동작 발생의 시간이 길지 않고, 과거의 어느 한 때를 가리킨다.

A:　你觉得刚才陈老师的课怎么样?
B:　很不错。是刚来的老师吧?
A:　不是刚来的，他是一年之前来的。
B:　我想两年前这位老师刚讲课的时候，听课的学生一定很多吧。
A:　那当然。刚才我还听见很多人在说他呢。

주요구문

- 在와 방위사
- 为的是
- ~都不能~

1 在와 방위사

1) 在~上
~방면, 공간적, 추상적, 조건
① 在中国经济发展史上，上海占独一无二（dú yī wú èr: 유일무이）的地位。
② 在股票(gǔ piào: 증권) 市场上，没有一个消息是可信(kě xìn: 믿을 만하다) 的。

2) 在~中
환경, 추상적 범위 과정
① 在很多韩国人心目(xīn mù: 마음속) 中，他是英雄。
② 他在良好的环境(huán jìng: 환경) 中成长。
③ 在学习的过程中，随时会遇到难题(nán tí: 곤란한 문제) 。

3) 在~下

전제조건(요구, 영향...)

① 在妈妈的要求下，我的成绩有了很大的进步。

② 在爸爸的影响下，哥哥也每天喝酒。

2 为的是

어떤 일의 목적을 나타낸다.

① 妈妈批评你，为的是你的明天。

② 我去中国，为的是学习汉语。

③ 我现在这么认真做作业，为的是一会儿好好看电视。

3 ~都不能~

'~조차도 할 수 없다'로 해석된다.

① 他病了，吃都不能吃。

② 这件衣服是要干洗（gān xǐ: 드라이）的，可妈妈用洗衣机（xǐ yī jī: 세탁기）洗了，现在穿都不能穿。

③ 在朋友家过夜(guò yè: 밤을 새다)，想都不能想。

Part 1

徒映：刚才来的朋友不像中国人。
Gāng cái lái de péng you bú xiàng zhōng guó rén。

亦心：她不是汉族，是藏族。中国有五十五个少数民族嘛。
Tā bú shì hàn zú, shì zàng zú。Zhōng guó yǒu wǔ shí wǔ ge shǎo shù mín zú ma。

徒映：汉族和少数民族相处得好吗？
Hàn zú hé shǎo shù mín zú xiāng chǔ de hǎo ma?

亦心：大体来说还可以。不过，偶尔发生冲突。
Dà tǐ lái shuō hái kě yǐ。Bú guò, ǒu ěr fā shēng chōng tū。

徒映：主要矛盾是什么呀？他们要独立吗？
Zhǔ yào máo dùn shi shén me ya? Tā men yào dú lì ma?

亦心：不一定。可能为的是保持自己独特的文化，也可能是要求汉族该尊重少数民族的一切吧。
Bù yí dìng。Kě néng wèi de shì bǎo chí zì jǐ dú tè de wén huà, yě kě néng shì yāo qiú hàn zú gāi zūn zhòng shǎo shù mín zú de yí qiè ba。

徒映：在中国汉族占90%吧？你如何看待民族之间的矛盾冲突？
Zài zhōng guó hàn zú zhān bǎi fēn zhī jiǔ shí ba? Nǐ rú hé kàn dài mín zú zhī jiān de máo dùn chōng tū?

亦心：啊！这是过于敏感的问题。借用老话表达一下吧：大家"和平共处"吧。
Ā! Zhè shì guò yú mín gǎn de wèn tí。Jiè yòng lǎo huà biǎo dá yí xià ba: Dà jiā "Hé píng gòng chǔ" ba。

亦心：朝鲜族是你们的同胞吧？
Cháo xiǎn zú shì nǐ men de tóng bāo ba?

徒映：是啊。我刚到中国的时候，很多中国人把韩国叫南朝鲜。
Shì a。Wǒ gāng dào zhōng guó de shí hou, hěn duō zhōng guó rén bǎ hán guó jiào nán cháo xiǎn。

亦心：你们是单一民族吧？现在分成两国。你们来往吗？
Nǐ men shì dān yī mín zú ba? Xiàn zài fēn chéng liǎng guó。Nǐ men lái wǎng ma?

徒映：很少。你们和台湾之间交流多吧？
Hěn shǎo。Nǐ men hé tái wān zhī jiān jiāo liú duō ba?

亦心：我们可以打电话，写信，还可以去旅游。
Wǒ men kě yǐ dǎ diàn huà, xiě xìn, hái kě yǐ qù lǚ yóu。

徒映：这多好！我们想都不能想。在很多韩国人心目中的北韩就是"神秘之土"。
Zhè duō hǎo! Wǒ men xiǎng dōu bù néng xiǎng。Zài hěn duō hán guó rén xīn mù zhōng de běi hán jiù shi "Shén mì zhī tǔ"。

亦心：你们愿意统一吗？
Nǐ men yuàn yì tǒng yī ma?

徒映：有一首歌的歌词："我们的愿望是统一，连梦里的愿望也是统一"，回答得还不够吗？
yǒu yì shǒu gē de gē cí: "wǒ men de yuàn wàng shì tǒng yī, lián mèng lǐ de yuàn wàng yě shì tǒng yī", huí dá de hái bú gòu ma?

1. 中国有多少个民族?
2. 汉族和少数民族之间的关系怎么样?
3. 韩国是单一民族吗?
4. 韩国人愿意不愿意统一?

为了民族之间的和平共处，该怎么做?

새로나온단어

刚才	gāng cái	명	방금, 막
汉族	hàn zú	명	한족
藏族	zàng zú	명	장족
少数	shǎo shù	명	소수
民族	mín zú	명	민족
相处	xiāng chǔ	동	어울리다
大体	dà tǐ	부	대체적으로
偶尔	ǒu ěr	부	가끔
连续	lián xù	동	연속하다, 계속하다
困境	kùn jìng	명	곤경, 궁지
面临	miàn lín	동	직면하다, 당면하다
发生	fā shēng	동	발생하다
冲突	chōng tū	동	충돌하다
矛盾	máo dùn	명	모순
独立	dú lì	동	독립하다
保持	bǎo chí	동	유지하다
尊重	zūn zhòng	동	존중하다

一切	yí qiè	명	모든 것, 일체
如何	rú hé	대	어떻게
敏感	mín gǎn	형	민감하다
表达	biǎo dá	동	전달하다
和平共处	hé píng gòng chǔ		평화공존
朝鲜族	cháo xiǎn zú		조선족
同胞	tóng bāo	명	동포
单一	dān yī	형	단일
来往	lái wǎng	동	왕래하다
交流	jiāo liú	동	교류하다
神秘	shén mì	형	신비하다
统一	tǒng yī	동	통일
首	shǒu	양	시, 노래를 세는 양사
歌曲	gē qu	명	가사
回答	huí dá	동	대답하다

문화상식한토막

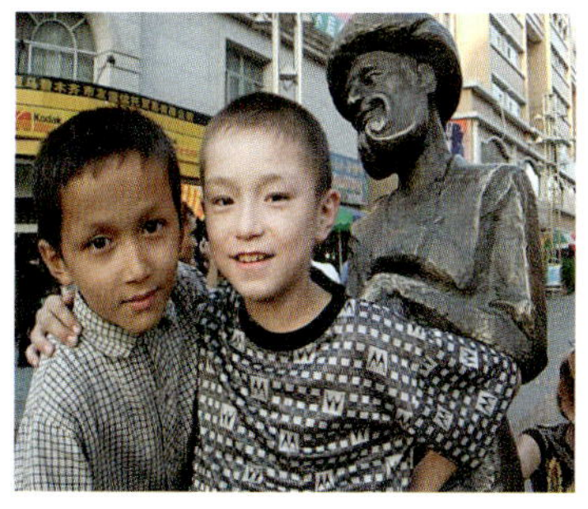

中国은 55개의 少数民族으로 이루어진 국가다. 90%를 차지하는 汉族과 10%정도를 차지하는 少数民族간의 갈등은 中国政府의 골칫거리라고 할 수 있다. 최근 발생했던 일련의 사태들은 이 사실을 단적으로 보여주고 있다. 少数民族들은 汉族에 의해 사라져가는 고유의 문화를 계승하고자 하며, 또한 汉族의 少数民族에 대한 경제권 장악에도 강한 불만을 갖고 있다. 이러한 요구와 이로 인해 빚어지는 갈등을 어떻게 해결해나가느냐는 中国政府에게 있어 크나큰 과제라고 할 수 있다.

1. '刚才', '刚刚'을 사용하여 빈칸을 채우시오.

① ______ 谁给你打电话?

② 你的身体 ________ 好，不要太累。

③ ________ 的一场雨真大啊。

④ 我 ________ 来上海的时候不习惯。

⑤ 我觉得现在比 __________ 舒服多了。

2. 在~上, 在~中, 在~下를 이용하여 문장을 완성하시오.

① 在老师的指导 ___，他决定考高考了。

② 在我们的同学 ___，有全校第一名。

③ 在世界历史___，有过两次世界大战。

3. 아래에서 적당한 표현을 골라 문장을 채우시오.

为的是我们一家人的幸福　　　为的是找一个更好的人　　　为的是减肥

① 爸爸每天上班，__________________。

② 她天天运动，________________________。

③ 她决定和男朋友分手了，________________________。

4. 새로 나온 단어를 이용하여 빈칸을 채우시오.

① __________ 来的朋友不像中国人。

② __________ 发生冲突。

③ __________ 老句______表达一下吧：大家"和平共处" 吧。

④ 我______到中国的时候，很多中国人把韩国叫南朝鲜。

⑤ ______很多韩国人心目______的北韩就是"神秘之土"。

5. 제시어를 이용하여 간단한 작문이나 대화를 만들어 보시오.

　　㉠ 你们要统一吗?

　　　 我们要和平统一。

民族　　　　　统一　　　　　为的是　　　　　冲突　　　　　和平

6. 녹음을 듣고, 내용과 가장 근접한 단어의 그림을 찾으시오.

(   )　　(   )　　(   )　　(   )　　(   )

玩一玩

이구동성 게임

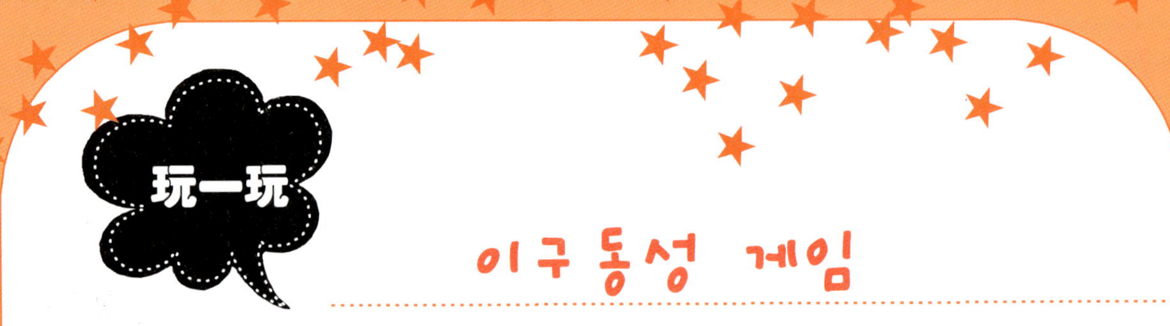

이구동성 게임은 여러 명이 한꺼번에 한 단어씩 부르고 상대방은 외친 단어들을 조합하여 문장을 맞추는 게임입니다.

〈게임 순서〉

1. 모둠 대표는 봉투에서 조각을 뽑은 뒤 모둠원들에게 한 단어씩 배정해 줍니다.
2. 모둠원들은 자신이 받은 단어들을 동시에 말하고 나머지 모둠은 외친 단어들을 조합하여 문장을 만들고 종이에 적습니다.
3. 문장을 맞추지 못했을 경우에는 한 학생이 한 단어를 먼저 부르고 나머지 단어는 동시에 외칩니다.
4. 모둠별 대표가 필요한 단어카드를 골라 조원들에게 나눠줍니다. 한 번에 맞춘 모둠은 100점을 받고 단어가 개별적으로 발음될 때마다 10점씩 감점 됩니다.
5. 많은 점수를 획득한 모둠이 이깁니다.

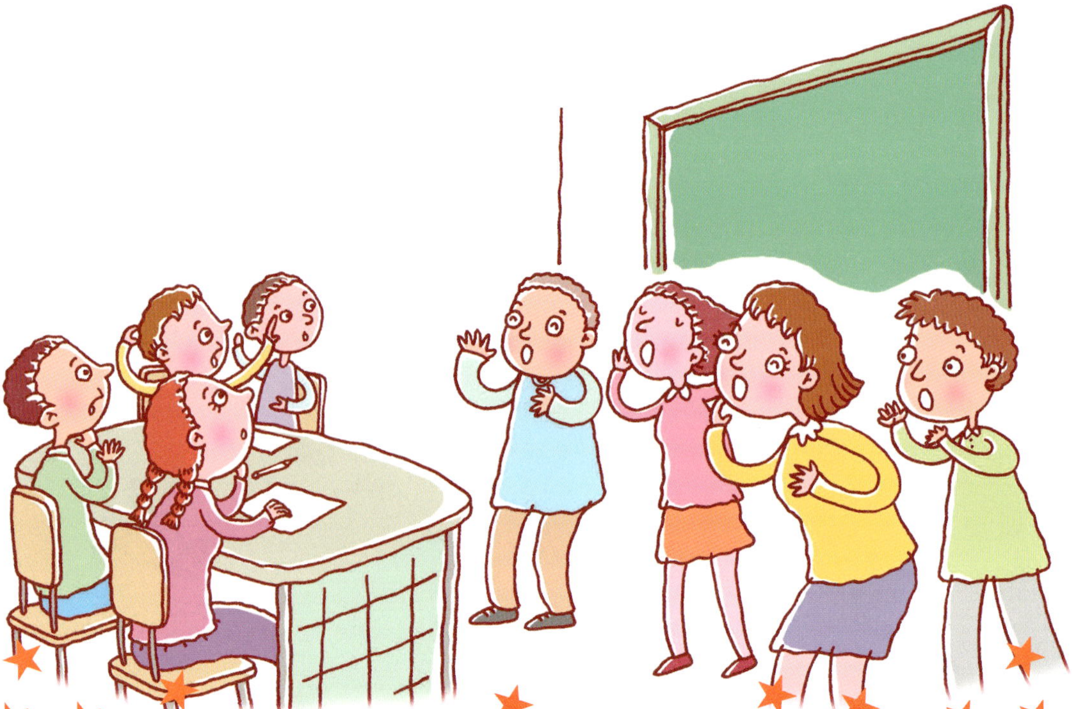

独生子与多子女

了解中国的计划生育政策吗？

이 과에서는

- 방향보어
- 因为～所以
- 越～越～
- 宁愿～也

第12课 独生子与多子女

了解中国的计划生育政策吗?

摘要

中国有计划生育政策，只能生一个孩子。不过，每个地区都不同，农村和少数民族可以生两个，城市人要再生一个要罚款。因为中国人口多。以前，毛泽东说"人多力量大"，结果，人越多力量越没了。

어법 Point

- 방향보어
  - 단순방향보어
  - 복합방향보어

1 방향보어

어떤 동작이나 행위에 따라 사람이나 사물이 이동하는 방향을 나타내는 보어를 방향보어 라고 한다. 단순방향보어와 복합방향보어가 있다.

2 단순방향보어

1) 동사 + 来，去，上，下，过，起，进，出 등.
① 外面下大雨，快进来吧。
② 我弟弟刚出去了。
③ 你快上来吧!

2) 장소를 나타내는 명사가 목적어로 왔을 경우
동사 + 장소목적어 + 단순방향보어(来 / 去)
① 她的男朋友回韩国去了。
② 他的女儿回学校去了。
③ 我妈妈送爸爸去了。

3 복합방향보어

동사 + 上来，上去，下来，下去，过来，过去，起来，进来，进去，出来，出去，到~去，到~来 등

① 我女儿从中国飞回来了。
② 他突然跑出去了。
③ 别怕，你到这里来。

주요구문

- 因为 ~ 所以
- 越 ~ 越~
- 宁愿~也

1 因为 ~ 所以

'~이기 때문에 ~하다'로 해석된다.

① 因为我太胖，所以要减肥。
② 因为你妈妈爱你，所以打你。
③ 因为我不用功，所以成绩不好。

2 越 ~ 越~

'~할수록~하다'로 해석된다.

① 我的汉语水平越来越高。
② 这个教室越坐越冷。
③ 我女儿越来越不听话。

3 宁愿~也

'차라리 ~하고싶다'로 해석된다.

① 他宁愿在大城市做乞丐(qǐ gài: 거지)，也不要回老家。
② 宁愿饿死，也不吃你的饭。
③ 宁愿交白卷（bái juàn: 백지 답안），也决不会作弊(zuò bì: 부정행위)。

亦心：全家福带来了吗？拿出来吧。
Quán jiā fú dài lái le ma? ná chū lái ba.

徒映：我带这张照片来了。
Wǒ dài zhè zhāng zhào piàn lái le.

亦心：你们到底有几个孩子？有这么多。
Nǐ men dào dǐ yǒu jǐ ge hái zi? Yǒu zhè me duō.

徒映：两男两女。
Liǎng nán liǎng nǚ.

亦心：我们只能生一个。你们没有计划生育吗？
Wǒ men zhǐ néng shēng yí ge. Nǐ men méi you jì huà shēng yù ma?

徒映：国家还鼓励多生孩子呢。很多人不想生孩子，人口越来越少了。
Guó jiā hái gǔ lì duō shēng hái zi ne. Hěn duō rén bù xiǎng shēng hái zi, rén kǒu yuè lái yuè shǎo le.

亦心：我们如果再生一个，要罚款。我们人口太多了，所以只能这样。
Wǒ men rú guǒ zài shēng yí ge, yào fá kuǎn. Wǒ men rén kǒu tài duō le, suǒ yǐ zhǐ néng shēng yí ge.

徒映：生孩子也要罚款。真有意思。
shēng hái zi yě yào fá kuǎn. zhēn yǒu yì si.

徒映：听说你们只能生一个，你怎么有弟弟？
Ting shuō nǐ men zhǐ néng shēng yí ge, nǐ zěn me yǒu dì di?

亦心：我父母被罚款了。
Wǒ fù mǔ bèi fá kuǎn le.

徒映：以前毛泽东说"人多力量大"。现在连生孩子也要罚款。
Yǐ qián máo zé dōng shuō "rén duō lì liàng dà". Xiàn zài lián shēng hái zi yě yào fá kuǎn.

亦心：咳！结果人多带很多麻烦来了。趁你们国家鼓励多生孩子，你就多生几个，为国家做出贡献吧。
Hāi! Jié guǒ rén duō dài hěn duō má fan lái le. Chèn nǐ men guó jiā gǔ lì duō shēng hái zi, nǐ jiù duō shēng jǐ ge, wèi guó jiā zuò chū gòng xiàn ba.

徒映：我宁愿不爱国，也不要孩子。孩子越多心思也越多。
Wǒ nìng yuàn bú ài guó, yě bú yào hái zi. Hái zi yuè duō xīn sī yě yuè duō.

亦心：我宁可罚款，也要生很多孩子。
Wǒ nìng kě fá kuǎn, yě yào shēng hěn duō hái zi.

问答

1. 中国可以生几个孩子？为什么？
2. 如果在中国生几个孩子会怎么样？
3. 韩国可以生几个孩子？
4. 韩国政府为什么鼓励韩国人多生孩子？

请谈谈

以后你结婚打算生几个孩子？为什么？

새로나온 단어 

政策	zhèng cè	명	정책
农村	nóng cūn	명	농촌
城市	chéng shì	명	도시
全家福	quán jiā fú	명	가족사진
照片	zhào piàn	명	사진
到底	dào dǐ	부	도대체, 결국, 드디어, 아무래도, 역시, 과연
孩子	hái zi	명	아이
天哪	tiān na		세상에
只能	zhǐ néng		다만 ~할 수 있을 뿐이다
计划	jì huà	명	계획
生育	shēng yù	명	출산(하다)
鼓励	gǔ lì	동	고무 (격려)하다
越~越	yuè~yuè		~할수록 ~하다
政府	zhèng fǔ	명	정부
紧张	jǐn zhāng	형	긴장하다, 바쁘다, 긴박하다, 부족하다
罚款	fá kuǎn	동	벌금

人口	rén kǒu	명	인구
力量	lì liàng	명	힘, 역량
心思	xīn si	명	생각, 염두, 심정, 기분
结果	jié guǒ	부	결국, 마침내, 처치하다.
趁	chèn	동	~을 틈타다, ~을 이용하다, ~의 사이에
贡献	gòng xiàn	동	공헌하다
宁愿	nìng yuàn	부	차라리 ~하고 싶다
宁可	nìng kě	접	차라리 (~하는 것이 낫다), 오히려 (~할지언정)
爱国	ài guó	동	애국

문화상식한토막

中国의 人口는 세계 제 일이다. 한 자녀 갖기를 법으로 제정해, 人口 억제 정책면에서는 어느 정도 성공을 거뒀으나, 그 이면에는 새로운 문제가 양산되고 있다. 한 자녀 세대의 자녀들이 정신적 물질적으로 부담해야 할 일들이 늘어가고, 城市와 农村간의 지적 균형이 흔들리기 시작했다는 것이다. 이로 인해 새로운 정책이 수립되고 있는데, 일례로 한 자녀 세대로 성장한 이들이 결혼할 경우 두 자녀를 둘 수 있게 한 것이다. 이러한 정책은 지역별로 차이를 보이고 있다.

1. 틀린 부분을 바르게 고치시오.
① 老师回去了办公事。
② 我要下去楼了。
③ 我们进去教室。
④ 我要韩国回了。

2. 因为~所以를 사용하여 빈칸을 채우시오.
① 因为他不听话，＿＿＿＿＿＿＿＿＿＿。
② ＿＿＿＿＿＿＿＿＿，我妈妈生气了。
③ 因为发烧（fā shāo: 열나다），＿＿＿＿＿＿＿＿＿＿。
④ ＿＿＿＿＿＿＿＿＿＿＿，所以摔跤（shuāi jiāo: 넘어지다）了。

3. 越~越를 사용하여 빈칸을 채우시오.
① 他的儿子越＿＿越＿＿＿＿。
② 韩国的人口越＿＿＿越 ＿＿。
③ 我越＿＿＿越 ＿＿＿她了。
④ 夏天了，天气越＿＿＿越 ＿＿。

4. 새로 나온 단어를 이용하여 빈칸을 채우시오.
① 全家福＿＿＿＿＿＿了吗?
② 你们＿＿＿＿＿＿有几个孩子?
③ 很多人不想生孩子，人口＿＿＿＿＿＿＿＿＿了。
④ 我＿＿＿＿＿不爱国，＿＿＿＿＿＿不要孩子。
⑤ 结果人多带很多＿＿＿＿＿＿来了。

5. 제시어를 이용하여 간단한 작문이나 대화를 만들어 보시오.

　　예) 人口越来越少。
　　　　孩子多，就麻烦多。

孩子　　　　　　麻烦　　　　　　计划生育　　　　　人口

6. 녹음을 듣고, 내용과 가장 근접한 단어의 그림을 찾으시오.

(   )　　　　(   )　　　　(   )　　　　(   )

第 **13** 课

妻管严与大男子主义

大部分的中国男人做家务。买菜、炒菜、接送孩子等……
中国和韩国的男人

- 결과보어
- 先~然后
- 从来没 + 过

第13 妻管严与大男子主义

大部分的中国男人做家务。买菜，炒菜，接送孩子等……

中国和韩国的男人

摘要

很多中国人说韩国女人可怜。他们认为韩国男人是大男子主义。中国男人不同。北方男人有大男子主义，都说南方男人妻管严。南方男人负责烧饭，照顾孩子等家务。这已被人们认为是很正常的事情。

어법 Point

- 결과보어
- 결과보어로 사용되는 주요동사

1 결과보어

동사 뒤에 쓰여 결과를 보충하는 성분을 결과보어라고 한다.

1) 결과보어 문장의 긍정문
결과보어와 동사사이에는 어떤 말도 들어갈 수 없다.
① 你说的话我听懂了。
② 我把作业做好了。
③ 在路上看到你的妈妈了。

2) 결과보어 문장의 부정문
① 老师说的话我没听懂。
② 刚才我没看清楚，再看一下。
③ 她没找到她的儿子。

3) 결과보어 문장의 의문문
① 你把作业做好了吗？
② 那本书找到了吗？
③ 我快饿死了，饭煮好了没有？

1) 到

① 동작을 통해 ~까지 도달하다
她回到韩国去了。

② 어떤 장소에 다다랐다
他搬到首儿去了。

③ 어느 시간까지 지속됐다
我奶奶活到100岁了。

④ 어떤 정도까지 이르렀다
我们学到哪儿了?

2) 好

동작이 완성됐다
快过来，饭做好了。

3) 住

고정되었다. 주로 장소 목적어가 뒤에 온다.
我爸爸住在上海。

4) 给

이동되었다. 주로 사람이나 장소를 나타내는 목적어가 뒤에 온다.
你把那杯水递给我。

5) 光

조금도 남지 않았다
怎么办? 钱已经用光了。

6) 开

분리되거나 이탈하다
请帮我把灯打开。

- 先~然后
- 从来没+过

1 先~然后

두 가지 일의 순서를 나타낸다. 앞부분은 먼저 일어난 일이나 동작, 뒷부분은 후에 일어난 일이나 동작을 나타낸다.

① 你先吃饭，然后喝酒。

② 明天要考试，我先睡觉，然后学习。

③ 先听我说话，然后你再生气。

2 从来没+过

'예전에 해 본적이 없다'로 해석된다.

① 我从来没见过那个人。

② 他从来没交过女朋友。

③ 我从来没得过第一名。

徒映：刚在超市看到你的丈夫。他常去买菜吗?

Gāng zài chāo shì kàn dào nǐ de zhàng fu. Tā cháng qù mǎi cài ma?

房东：是啊！平时先送女儿，然后去买菜。

Shì a! Píng shí xiān sòng nǚ ér, rán hòu qù mǎi cài.

徒映：太好了。韩国男人不一样。我从来没看到过我爸爸去买菜。

Tài hǎo le. Hán guó nán rén bù yí yàng. Wǒ cóng lái méi kàn dào guo wǒ bà ba qù mǎi cài.

房东：我正想问你呢。我以前看过韩剧，什么都太太来做。这太不公平了。

Wǒ zhèng xiǎng wèn nǐ ne. Wǒ yǐ qián kàn guo hán jù, shén me dōu tài tai lái zuò. Zhè tài bù gōng píng le.

徒映：以前韩国人非常重视儒教。重男轻女的思想很严重。

Yǐ qián hán guó rén fēi cháng zhòng shì rú jiào. Zhòng nán qīng nǚ de sī xiǎng hěn yán zhòng.

房东：怪不得。很多中国人说韩国男人就是大男子主义。

Guài bu de. Hěn duō zhōng guó rén shuō hán guó nán rén jiù shi dà nán zǐ zhǔ yì.

徒映：你的男朋友在厨房做什么?

Nǐ de nán péng you zài chú fáng zuò shén me?

亦心：做饭。快做好了，一会儿你在我家吃饭吧。

Zuò fàn. kuài zuò hǎo le, yí huìr nǐ zài wǒ jiā chī fàn ba.

徒映：你不去帮他吗?

Nǐ bú qù bāng tā ma?

亦心：帮什么? 这是他的日常生活。除非他不来，我才下厨。

Bāng shén me? Zhè shì tā de rì cháng shēng huó. Chú fēi tā bù lái, wǒ cái xià chú.

徒映：以前韩国年纪大的人认为男人不该进厨房。

Yǐ qián hán guó nián jì dà de rén rèn wéi nán rén bù gāi jìn chú fáng.

亦心：都什么时代了，还这么保守。

Dōu shén me shí dài le, hái zhè me bǎo shǒu.

徒映：是啊。不过，正在变化。我听说中国男人是妻管严。多好!

Shì a. Bú guò, zhèng zài biàn huà. Wǒ tīng shuō zhōng guó nán rén shì qī guǎn yán. Duō hǎo!

亦心：既然你这样想，那你就跟中国男人结婚吧。

Jì rán nǐ zhè me xiǎng, nà nǐ jiù gēn zhōng guó nán rén jié hūn ba.

徒映：可惜一直到现在还没找到!

Kě xī yì zhí dào xiàn zài hái méi zhǎo dào!

妻管严与大男子主义　**113**

 **问答**

1. 中国男人常常去买菜吗？
2. 妻管炎是什么意思？
3. 很多中国人说韩国男人怎么样？
4. 韩国男人为什么不做家务？

请谈谈

你想找什么样的对象（妻管严还是大男子主义的）？

 새로나온단어

可怜	kě lián	형	불쌍하다, 가련하다
房东	fáng dōng	명	집 주인
刚	gāng	부	방금
超市	chāo shì	명	슈퍼마켓
丈夫	zhàng fu	명	남편
买菜	mǎi cài	동	시장보다
平时	píng shí	명	평소에
送	sòng	동	보내다
韩剧	hán jù	명	한국 드라마
公平	gōng píng	명	공평하다
重视	zhòng shì	동	중시하다
儒教	rú jiào	명	유교
重男轻女	zhòng nán qīng nǚ		남존여비
思想	sī xiǎng	명	사상
严重	yán zhòng	형	심각하다
年纪	nián jì	명	나이
厨房	chú fáng	명	주방

认为	rèn wéi	동	~라고 생각하다
大男子主义	dà nán zǐ zhǔ yì	동	대장부주의
听说	tīng shuō	동	듣자하니
妻管严	qī guǎn yán	동	공처가

문화상식한토막

中国 北方의 男性들이 남성적인데 비해 南方의 男性들은 '女性化'된 성향을 볼 수 있다. 장바구니를 든 男性들의 모습은 전혀 이상할 것이 없으며, 모든 가사활동은 女性과 동등하게 이루어진다. 대부분의 부부들이 맞벌이를 한다는 현실도 中国의 女性 지위향상에 주요 요인으로 작용했다고 할 수 있다. 그러나 맞벌이를 하면서도 여전히 가사일은 女性의 몫이라는 고정관념에서 벗어나지 못한 韩国의 현실을 보면 맞벌이로 인한 여성지위의 향상은 멀기만 한 듯하다.

1. 아래에서 적당한 표현을 골라 문장을 채우시오.

听到	做好	吃光	放在	写完

① 我把情书＿＿＿＿＿＿＿了。

② 你们说说，电脑＿＿＿＿＿＿哪儿好？

③ 我刚在房间里＿＿＿＿＿＿奇怪的声音。

④ 我把所有的饼干都＿＿＿＿＿了。

⑤ 明天要考试，你要＿＿＿＿＿心理准备。

2. 先～然后를 사용하여 문장을 완성하시오.

① ＿＿＿＿＿买票＿＿＿＿ 坐车

② ＿＿＿＿＿脱衣＿＿＿＿洗澡

③ ＿＿＿＿＿赚钱＿＿＿＿花钱

④ ＿＿＿＿＿做作业＿＿＿＿玩儿

3. 아래에서 적당한 표현을 골라 문장을 채우시오.

去过	看过	喝过	打过

① 从来没＿＿＿＿＿酒。

② 他从来没＿＿＿＿＿电视。

③ 我妈妈从来没＿＿＿＿＿我。

④ 我的男朋友从来没＿＿＿＿＿外国。

4. 새로 나온 단어를 이용하여 빈칸을 채우시오.

① 刚在超市＿＿＿＿＿你的丈夫。

② 我＿＿＿＿看到＿＿＿＿我爸爸去买菜。

③ ＿＿＿＿＿＿的思想很严重。

④ ＿＿＿＿＿＿他不来，我下厨。

⑤ 我＿＿＿＿＿中国男人是妻管严。

5. 제시어를 이용하여 간단한 작문이나 대화를 만들어 보시오.

⚭ 听说中国男人是气管炎。
真气死了！奶奶说男人不该进厨房。

妻管严　　　　　　大男子主义　　　　厨房　　　　　　儒家

6. 녹음을 듣고, 내용과 가장 근접한 단어의 그림을 찾으시오.

(　　　　)　　　　(　　　　)　　　　(　　　　)　　　　(　　　　)

중국어 숫자로 하는 야구게임

야구 게임에는 몇 가지 규칙이 있습니다. 그 가운데 투수가 던진 공이 포수 스트라이크 존에 들어오면 스트라이크가 되고 스트라이크 존에서 벗어나면 볼이 되는데 이 게임에서는 숫자와 자리수를 맞추면 스트라이크가 되고 자리수는 다르지만 숫자만 같은 경우는 볼 이라고 합니다. 만약 일치하는 숫자가 없는 경우는 아웃이고 숫자가 모두 일치하면 홈런 이라고 합니다.

〈게임 순서〉

1. 선생님은 임의의 자리수와 임의의 숫자를 정합니다.
2. 학생들은 개인별 또는 모둠별로 임의의 숫자를 선택한 후 중국어로 얘기합니다.
3. 선생님은 스트라이크와 볼을 얘기하며 칠판에 써 내려갑니다.

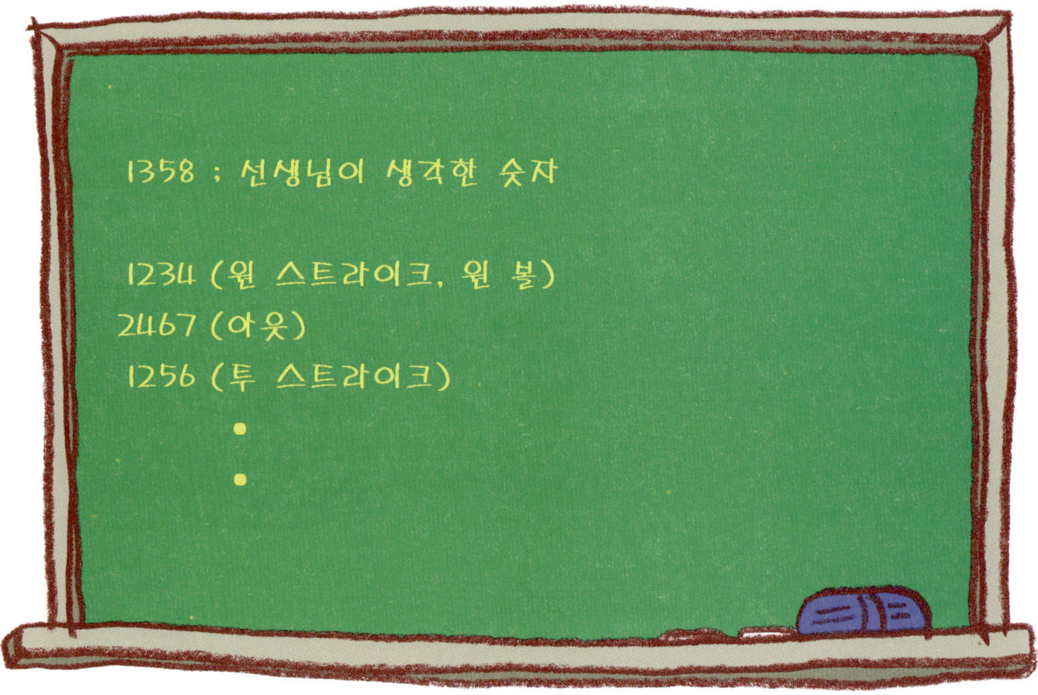

汉流与韩流

韩流在中国，汉流在韩国。

이 과에서는

- 对/ 对于，关于
- 要么~，要么~
- 除了~， 还~
- 형용사의 중첩

第14课 汉流与韩流

韩流在中国，汉流在韩国。

摘要

前些年在中国，非常流行韩流。很多中国人都爱看韩剧。年纪大的人对伦理剧感兴趣，青春剧年轻女性爱看，男性对历史剧颇有兴趣。既喜欢韩国汽车，手机，洗衣机等家电用品，也喜欢吃韩国菜。

어법 Point

- 对/ 对于
- 关于

1 对/ 对于

동작행위의 직접적인 영향을 받는 대상이나 주어의 관심의 대상을 의미한다.

① 我对汉语很感兴趣。
② 我们对日本的态度感到很不满意。
③ 他对你的热情招待表示感谢。
④ 对于汉语，我很感兴趣。
⑤ 对于日本的态度，我们很不满意。
⑥ 对于你的热情招待，我表示感谢。

** 对于는 능원동사나 부사 뒤에서는 사용할 수 없다.
① 妈妈会对（对于☹）儿子负责。
② 韩国的年轻人都对（对于☹）美国电视剧感兴趣。

2 关于

사물의 범위, 내용 그리고 사물과 관계있는 사람과 일을 나타낼 때 사용된다. 주어 앞에만 올수 있다.
① 这是关于这事件的照片。
② 我来说明一下关于这次选举的情况。
③ 我买了不少关于中国文化的书。

주요구문

- 要么~，要么~
- 除了~， 还~
- 형용사의 중첩

1 要么~，要么~

'혹은 ~일지도 모른다', '~하든지 또는 ~하다'로 해석된다.
① 真气死了，没有适合我的，要么大，要么小。
② 这个孩子真无聊，要么睡觉，要么打电脑。
③ 最近天气很奇怪，要么下大雨，要么刮大风。

2 除了~， 还~

'~를 제외하고', '~외에 또 ~도' 로 해석된다.
① 在我校除了中国留学生以外，还有很多日本留学生。
② 除了我以外，还有很多同学去过中国。
③ 他除了韩语，不会说别的语言。

3 형용사의 중첩

단음절 형용사의 중첩 (AA)	쌍음절 형용사의 중첩(AABB)
小→小小	漂亮→漂漂亮亮
高→高高	高兴→高高兴兴

** 중첩된 형용사는 정도 부사의 수식을 받지 않는다.
很高高　　　　　　　　　　　☹
太高高兴兴　　　　　　　　　☹

亦心：我以前对韩剧非常感兴趣。

Wǒ yǐ qián duì hán jù fēi cháng gǎn xìng qù。

徒映：现在失去兴趣了吗?

Xiàn zài shī qù xìng qù le ma?

亦心：确是。内容差不多。要么关于灰姑娘，要么关于主人公得不治之病的故事。

Què shì。Nèi róng chà bu duō。Yào me guān yú huī gū niang, yào me guān yú zhǔ rén gōng dé bú zhì zhī bìng de gù shi。

徒映：有一段时间很多中国人喜欢看韩剧。

Yǒu yí duàn shí jiān hěn duō zhōng guó rén xǐ huan kàn hán jù。

亦心：除了韩剧，还对所有的韩国产品感兴趣。我的手机也是韩国制造的。

Chú le hán jù, hái duì suǒ yǒu de hán guó chǎn pǐn gǎn xìng qù。Wǒ de shǒu jī yě shì hán guó zhì zào de。

徒映：你以前把韩国歌手的海报贴在床头上。

Nǐ yǐ qián bǎ hán guó gē shǒu de hǎi bào tiē zài chuáng tóu shàng。

亦心：早没了。回头想，我是听着韩国的流行音乐长大的。

Zǎo méi le。Huí tóu xiǎng, wǒ shì tīng zhe hán guó de liú xíng yīn yuè zhǎng dà de。

徒映：所以，我们很合得来。

Suǒ yǐ, wǒ men hěn hé de lái。

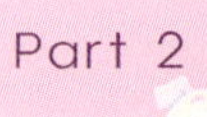

亦心：我的朋友就要去韩国留学了。

Wǒ de péng you jiù yào qù hán guó liú xué le。

徒映：最近很多中国人在韩国学习或者工作。

Zuì jìn hěn duō zhōng guó rén zài hán guó xué xí huò zhě gōng zuò。

亦心：她曾经是个韩迷，这次的决定也跟这有关系。不过，她想知道在那儿可不可以打工?

Tā céng jīng shì ge hán mí, zhè cì de jué dìng yě gēn zhè yǒu guān xi。Bú guò, tā xiǎng zhī dào zài nàr kě bu kě yǐ dǎ gōng?

徒映：现在不少韩国人对汉语很感兴趣。在补习班，或者个人辅导都可以。

Xiàn zài bù shǎo hán guó rén duì hàn yǔ hěn gǎn xìng qù。Zài bǔ xí bān, huò zhě gè ren fǔ dǎo dōu kě yǐ。

 问答

1. 韩迷是什么意思？
2. 亦心为什么失去了对韩据的兴趣？
3. 中国人在韩国做些什么事情？
4. 在中国有韩流，那么在韩国有什么？

 请谈谈

你喜欢看中国电视剧吗？

伦理	lún lǐ	명	윤리
青春	qīng chūn	명	청춘
历史	lì shǐ	명	역사
颇	pō	부	자못, 꽤, 매우
汽车	qì chē	명	자동차
家电	jiā diàn	명	가전, 가정용 전기기구
用品	yòng pǐn	명	용품
韩剧	hán jù	명	한국 드라마
兴趣	xìng qù	명	흥미
失去	shī qù	동	잃다
灰姑娘	huī gū niang	명	신데렐라
主人公	zhǔ rén gōng	명	주인공
不治之病	bú zhì zhī bìng		불치병
故事	gù shi	명	이야기
一段	yí duàn		일단락, 한 구획, 한 매듭
海报	hǎi bào	명	브로마이드
床头	chuáng tóu	명	침대 머리맡
回头	huí tóu	동	돌아보다
流行	liú xíng	명	유행(하다)
音乐	yīn yuè	명	음악
韩迷	hán mí	명	한국 드라마 및 한국 대중 문화에 많은 관심을 갖고 있는 중국인들을 가리키는 말
打工	dǎ gōng	동	아르바이트
补习班	bǔ xí bān	명	학원
辅导	fǔ dǎo	동	보습지도
地道	dì dào	형	진짜의, 본고장의, 순수한, 정말로

小吃	xiǎo chī	명	간단한 음식
民间	mín jiān	명	민간
外交	wài jiāo	명	외교

문화상식한토막

최근에는 조금 잠잠해졌지만 얼마 전까지만 해도 中国에서의 '韩流'는 정말이지 대단했으며, 안재욱과 김희선, 이들은 바로 '韩流' 스타의 원조라고 할 수 있다. 각 연령층을 아우르는 드라마, 청소년들의 심장을 달구어놓았던 아이돌 스타들 등. 지금은 예전만큼 화려하진 않지만 '韩流'는 中国에게 韩国을 알리고 韩国이라는 나라를 다시 한 번 보게 한 '문화아이콘'임에는 틀림없다.

1. 对 나 关于를 이용하여 괄호 안을 채우시오.

① 我________中国的文化很感兴趣。

② 你有没有________四大美人的书？

③ 妈妈会________你好的。

④ 我写了一本________HSK的书。

⑤ ________这个问题，我知道得不多，别问我。

2. 아래 문장을 완성하시오.

1) 除了~以外，都~

　　① ________我________他们________看懂了。

　　② 除了他以外，他们 ____________ 。

2) 除了~以外，还~

　　________日语________, ______会说汉语

3) ________踢足球 ________, ______喜欢游泳。

3. 형용사의 중첩을 이용하여 아래 보기와 같이 문장을 만드시오.

보기	高 → 高高的个子
	清楚 → 他讲得清清楚楚。

① 短　　　　　裙子　　　→

② 长　　　　　头发　　　→

③ 漂亮　　　　打扮　　　→

④ 干净　　　　打扫　　　→

4. 새로 나온 단어를 이용하여 빈칸을 채우시오.

① 我以前________韩剧非常感兴趣。

② 要么________灰姑娘，要么关于主人公得不治之病的故事。

③ ____________，我是听着韩国的流行音乐长大的。

④ 她________是韩迷，这次决定也跟它有关系。

⑤ 我们两个是民间外交方面____________的人物。

5. 제시어를 이용하여 간단한 작문이나 대화를 만들어 보시오.

㉫ 你喜欢看韩剧吗?
你在韩国打工吗?

韩剧　　　　　中国电视剧　　　打工　　　　学习

6. 녹음을 듣고, 내용과 가장 근접한 단어의 그림을 찾으시오.

(　　　) 　　(　　　) 　　(　　　) 　　(　　　) 　　(　　　)

빙고게임

빙고게임을 통해 배운 단어 등을 복습해 보세요.

〈게임 순서〉

1. 종이의 빈칸에 정해진 단어를 씁니다.
   - 단어는 한어병음, 한자, 뜻을 필요헤 따라 선택하여 쓸 수 있습니다.
2. 대표가 부르는 단어를 지워나가세요.
   - 번호순으로 돌아가면서 단어를 부르거나, 학생을 지목하여 단어를 부르도록 할 수 있습니다.
3. 가로, 세로, 대각선 방향으로 5줄을 다 지운 사람은 '빙고'를 외칩니다.

해석 및 정답

天下没有免费的午餐。
= 天上不会掉馅饼。
세상에 공짜는 없어.

第 1

Part 1

亦心： 내일은 10월 1일. 중국의 국경일로 7일 쉰다.

徒映： 7일? 그렇게 많이 쉬니?

亦心： 원래는 3일이야. 앞뒤 토, 일요일을 합쳐서 7일이야.

徒映： 연휴동안 너는 뭘 할 생각이야?

亦心： 지금 생각 중이야. 너희 국경일은 몇 월 몇 일이야?

徒映： 10월 3일. 개천절이라고 불러. 아쉽게도 하루만 쉬지.

Part 2

徒映： 너 어디 가니? 이렇게 많은 옷을 뭐하려고?

亦心： 내일부터 국경일 연휴야. 집에 가려고. 너는?

徒映： 난 생각 중이야. 여행을 가자니 가는 곳 마다 사람이라 무섭고.

亦心： 그건 그래. 이 기간 동안 어떤 사람은 고향에 가고, 어떤 사람은 여행을 가. 어딜 가든 사람들로 가득 차.

徒映： 기숙사에 있자니 고독이 두렵고, 어쩌지?

亦心： 기숙사에서 텔레비전이나 많이 봐라. 네 중국어 수준을 높여야지.

徒映： 너 정말 못됐다.

第 2

Part 1

亦心： 오늘 섣달그믐이다, 함께 밥 먹자.

徒映： 내일이 구정인데, 왜 오늘 먹어?

亦心： 중국의 전통에 따르면 섣달 그믐날 가족들이 다 모여.

徒映： 우리는 구정 날 아침 떡국을 먹어.

亦心： 구정하고 떡국하고 무슨 관계가 있는데?

徒映： 한국 사람들의 말에 따르면 떡국 한 그릇을 먹으면 한 살더 먹는 거래.

亦心： 그럼 난 안 먹을래.

徒映： 난 폭죽 소리 때문에 죽겠다.
亦心： 우린 매 해 구정마다 이러니까, 넌 마음의 준비가 필요할 거야.
徒映： 정말 못 참겠다. 구정에 왜 폭죽을 터뜨리는데?
亦心： 중국 사람들의 습관에 따르면 귀신을 물리칠 수 있대.
徒映： 우리는 구정 날 차례를 모셔. 주부들은 명절을 두려워해.
亦心： 왜 명절을 두려워하는데?
徒映： 차례를 모시기 위해 이것저것 해야 해. 손님들도 많이 오고. 구정이 지나면 며칠 동안 병이 날 정도야.
亦心： 그 정도야? 난 그냥 중국에서 폭죽소리에 시끄러워 죽는 게 낫겠다.

徒映： 봐 봐, 이거 내 한복이야.
亦心： 와! 디자인이 우아하고 색다르다.
徒映： 근데, 빨간 색은 나한테 안 어울리는 것 같아.
亦心： 아냐. 중국 사람들은 빨간 색을 특히 좋아해. 내가 볼 땐 빨간색 잘 어울리는데.
徒映： 오는 길에 사람들이 쳐다봤어.
亦心： 중국인들이 한복 입은 걸 어렵게 봤는데, 안 쳐다보면 더 이상하지.
徒映： 한복 입고 일하는 건 불편해. 조금 있다 파티가 끝나면 바로 갈아입어야지.

徒映： 저 여자 예쁘고 섹시하게 입었다.
亦心： 저 여자가 입은 건 치파오야. 중국 여성의 전통 의상이지. 너 입어보고 싶니?
徒映： 농담 마. 내가 만약 치파오를 입고 나가면 많은 사람들이 놀라 기절할거야.
亦心： 그렇게까지야. 근데, 사실 뚱뚱하고 작은 사람은 치파오가 그다지 어울리지 않아.
徒映： 한복은 입을 수 있어. 한복은 치파오처럼 몸매가 드러나지 않거든.

亦心 : 너무 잘됐다. 우리 한복 입고 대담하게 쇼핑하자.
徒映 : 한국 사람들은 평소에 한복 안 입어. 네가 만약 한복 입고 쇼핑하면, 사람들은 네가 무슨 문제가 있는 줄 알거야.

第 4

Part 1

亦心 : 북경에서는 재밌게 놀았니?
徒映 : 말도 마, 시간이 없어서 고궁도 반 밖에 못 봤어.
亦心 : 정말 안됐다. 북경엔 가볼만한 곳이 많은데.
徒映 : 반밖에 못 본 고궁이지만 난 고궁에 반했다.
亦心 : 고궁은 자금성이라고도 하는데 명청 양대의 황궁이야.
徒映 : 서태후가 바로 거기서 천하를 호령했잖아. 정말 멋있다, 부러워.
亦心 : 근데, 서태후에 대한 중국 사람들의 평가는 그리 좋지 않아.
徒映 : 난 동의 못해. 사람들이 어떻게 비판하던지 난 부럽다.

Part 2

亦心 : 다음 주에 나 한국에 여행 간다.
徒映 : 어쩜. 저번 주에는 내가 북경에 가고, 다음 주에는 네가 서울가네.
亦心 : 서울에서 가볼 만한 곳이 어디야? 고궁 있니?
徒映 : 당연히 있지. 경복궁인데 조선 시대의 궁전이야.
亦心 : 자금성하고 경복궁하고 뭐가 다른데?
徒映 : 경복궁은 자금성만큼 웅장하진 않아. 근데, 나무가 많고 연못도 있어. 한 폭의 풍경화 같아.
亦心 : 그럼 한 폭의 풍경화가 얼마나 아름다운지 가서 볼까.
徒映 : 걱정 마. 경복궁은 한국 여행의 필수 코스야. 가기 싫어도 가야할 걸.

第 5

Part 1

徒映 : 너 나 데리고 어디 가는 거야?
亦心 : 공원가서 산책하자. 너 다이어트 한다고 했잖아.
徒映 : 호숫가에 많은 노인네들은 뭐하는 거야?
亦心 : 그건 태극권이야. 중국인의 건강운동.
徒映 : 아! 맞다, 예전에 영화에서 본 적 있어.

亦心： 태극권은 외적인 동작을 연마할 뿐 아니라 내공도 연마하는
       거야. 너처럼 성격이 급한 사람은 꼭 배워야 해.
徒映： 너 나 한테 몇 가지 동작 좀 가르쳐줘.

Part 2

亦心： 너 요 며칠 왜 태극권 연습 안하니?
徒映： 나이 먹은 후에 배울래. 그래도 몇 가지 동작은 할 수 있다.
亦心： 3일 배우고 할 수 있다니 대단하다.
徒映： 하하！간단하잖아. 나 봐 봐. 수박을 잘라서 반쪽은 너에
       게 나머지반쪽은 나에게. 이러면 되는 거 아냐?
亦心： 하하하！너도 정말！한국을 대표하는 운동은 뭐야?
徒映： 태권도. 태극권보다는 동작이 조금 빨라. 우리 꼭 배워야
       돼. 밤에 불량배를 만나면 때려눕혀야지.
亦心： 너 태권도 할 줄 알아? 간단한 동작을 시범으로 보여줘 봐.
徒映： 나 몇 개 동작 밖에 못해. 비웃지 마!
亦心： 됐어! 됐어! 하마터면 내 큰 배가 네 다리에 맞을 뻔 했다.

第6

Part 1

徒映： 돈 다 썼다. 환전해야겠어.
亦心： 이번엔 내가 같이 갈게. 먼저 번 너 속았잖아. 은행가서 바
       꿀거니?
徒映： 하하! 고마워! 학교 후문에서 바꿀거야.
亦心： 여기 위조화폐 많아. 내가 너한테 특별히 주의하라고 했는
       데, 넌 신경도 안 쓰고.
徒映： 정말 생각도 못했어. 쌤통이지뭐, 누가 나더러 그렇게 방심
       하랬나.
亦心： 만약 그때의 경험이 아니었다면 이번에 또 속을지 누가 알아.

Part 2

亦心： 50원짜리는 왜 저기에 붙여놨니?
徒映： 그거 위조화폐야. 화가 나서 거기에 붙여놨어. 저걸 어떻게
       써야되니?
亦心： 이건 말이야, 생각 좀 해볼게. 이쪽으론 내가 경험이 많거든.
徒映： 너 정말 능력 있다. 맞다, 50원짜리에 있는 사람은 누구야?
亦心： 모택동. 100원짜리에도 모택동이야. 먼저 번 네가 나에게 준

徒映:　10,000원짜리 한국 돈에 있는 사람은?

徒映:　조선시대의 세종대왕. 한글을 만드셨어.

亦心:　그 위에 있는 분 짝퉁 세종대왕 아니겠지? 너 나 실망시키
　　　 면 안된다!

徒映:　모르지. 다음 번 한국에 와서 써봐.

徒映:　이번 한국 여행 어땠어? 며 칠 새 살이 확 빠졌네.

亦心:　그런대로 괜찮았어. 근데 며 칠 한국 음식 먹으니까 나도 모
　　　 르게 살이 빠졌어.

徒映:　뭘 먹었는데?

亦心:　비빔밥, 불고기, 김치, 삼계탕, 된장찌개, 생선회등.

徒映:　너 한국 음식이 종류도 적고 모두 매워서 그랬구나.

亦心:　사실, 한국음식은 내 입맛에 그다지 맞는 것 같진 않아. 습
　　　 관이 안 돼서.

徒映:　나도 중국에 막 왔을 때, 중국음식이 습관이 안됐거든.

亦心:　네가 왜 그때 중국음식을 안 먹었는지 이번 한국 여행에서
　　　 야 알게 됐다.

亦心:　매일 중국음식 먹는 거, 괜찮니?

徒映:　중국 음식은 몹시 느끼해. 근데 서서히 습관이 됐어. 지금은
　　　 습관이 됐을 뿐만 아니라 사랑하기까지 한다.

亦心:　그건 그래. 넌 지금 입맛까지도 '중국화' 가 됐지, 더더욱
　　　 중국통이다, 얘.

徒映:　아직 멀었어. 여전히 향채를 못 먹는데 어딜 중국통이라고
　　　 할 수 있겠니?

亦心:　한국에 돌아간 후 중국 음식 먹고 싶으면 어떡해?

徒映:　작년 방학 때 가서 배추 볶음을 했는데, 맛이 이상했어.

亦心:　너 분명히 음식 못 할 거야. 너 김치 만들 수 있어?

徒映:　엄마가 하는 것만 봤고 직접 해보진 않았어.

Part 1

徒映: 나 소주 한 병 더 마셔도 돼?
亦心: 너 이미 많이 마셨는데, 마실 수 있어?
徒映: 당연하지. 아직 덜 마셨거든.
亦心: 난 술 만 마시면 얼굴이 빨개져. 너 그렇게 술을 좋아하는데 백주를 마시지 그래.
徒映: 안 돼. 백주는 마시기만 하면 취해. 술주정도 하고.
亦心: 한국 사람들 백주 안 좋아하니? 백주가 조금 독하기는 해도 마신후엔 머리가 안 아파.
徒映: 백주는 적게 마셔. 대부분 소주를 좋아해.

Part 2

徒映: 마오타이주 한 병사서 오빠 줘야지.
亦心: 너희 오빠 백주 마실 줄 알아?
徒映: 술고래야. 먼저 번에 마오타이주 한 병 사다줬더니 좋아서 펄쩍 펄쩍 뛰더라.
亦心: 너도 중국의 4대 명주를 마셔보고 중국의 술 문화를 이해해야지.
徒映: 그럼 네가 먼저 소주 마셔.
亦心: 먼저 번 한국에서 이미 마셔봤고, 한국의 독특한 술 문화도 경험했다.
徒映: 너도 배워야지.
亦心: 한국 사람들은 술 마시는 속도가 빠르더라. 난 못 따라 가겠어.

Part 1

亦心: 너 언제 사탕 먹여줄건데?
徒映: 아마 네가 나보다 먼저 사탕을 줄 거다. 난 너 보다 늦을 거고.
亦心: 그럴 리가. 난 맘에 드는 사람도 못 찾았고, 일정한 직업도 없어.
徒映: 넌 어떤 사람을 원하는데? 돈, 외모, 성격 중 뭐가 제일 중요해?
亦心: 비교할 수 없지, 다 중요해.
徒映: 보니까, 내가 너 보다 먼저 사탕을 돌리겠다. 내 요구는 너 만큼 높지 않거든.

徒映: 돌아가서 국수 먹는다.
亦心: 여기에도 있는 건 국순데, 하필 한국에 가서 국수를 먹니?
徒映: 한국에서는 예전에 결혼할 때 국수를 먹었어. 시간이 지나면서 전통이 됐고.
亦心: 그렇구나. 누구 결혼식에 가는데?
徒映: 고등학교 동창. 나보다 한 살 더 많아. 우리보다 먼저 "인생의 무덤"에 들어가는 거지.
亦心: 그렇지도 않아. 결혼은 어쩌면 "인생의 천당"일지도 몰라. 남이 결혼하는데 축하를 해줘야지.
徒映: 난 너만큼 낙관적이지가 못하단다.

第10

亦心: 곧 내 생일이다. 8월 8일이 내 생일 이거든.
徒映: 중국 사람은 8자를 좋아한다며? 8자가 두 개 씩이나 들어가니 부자되겠다.
亦心: 그랬으면 좋겠다. 우린 어른이던 아이던 모두 돈을 좋아하지.
徒映: 우리도 그래. 너흰 숫자를 굉장히 중요시 하는 것 같더라. 예를 들어 어떤 숫자가 길하고 어떤 숫자가 불길한지.
亦心: 한국인이 좋아하는 숫자는 뭐야?
徒映: 7. 행운의 숫자래. 이건 단지 이러한 의미일 뿐이고. 사람마다 다 달라.
亦心: 너도 7이 좋으니?
徒映: 난 특별히 좋아하는 숫자가 없어.

徒映: 동창 한명이 결혼을 하는데 축의금을 얼마를 해야하지?
亦心: 이건 말이야. 먼저 그 친구와의 관계를 보고 다음에 경제적인 것을 생각해야지.
徒映: 동창은 동창인데 그저 일반적인 동창일 뿐야.
亦心: 그럼 200원 해. 중국인들은 짝수가 길하다고 생각해. 6은 몹시 순조롭고, 8은 부자, 10은 완전무결. 근데 4는 좀 그래.
徒映: 나 알아. 한국도 마찬가지야. 왜냐하면 죽을 사자와 발음이 같거든. 그래서 불길하다고 봐.

亦心: 꺼리긴 꺼리지만 4가 불길한 숫자는 아니지. 발음이 죽을 사
와 같아서 사용하지 않을 뿐이야.
徒映: 보니까 중국인이건 한국인이건 모두 죽고 싶진 않은가봐.

Part 1

徒映: 방금 전에 온 친구 중국인 같지 않아.
亦心: 한족이 아니라 장족이야. 중국엔 55개의 소수민족이 있잖아.
徒映: 한족과 소수민족 사이는 괜찮니?
亦心: 전체적으론 괜찮아. 근데 가끔씩 충돌이 있긴 해.
徒映: 주된 모순이 뭔데? 독립을 원하니?
亦心: 그렇지만도 않아. 아마 자신들의 독특한 문화를 유지하기 위
해서일거야. 다시 말해서 한족에게 소수민족의 일체를 존중
해주길 요구하는 거지.
徒映: 중국에서 한족은 90%를 차지하지? 너는 민족간의 모순 충
돌에 대해 어떻게 생각하는데?
亦心: 아! 이건 너무 예민한 문제인걸. 옛 말을 빌어 표현을 하자
면 모두들 평화공존이라고나 할까.

Part 2

亦心: 조선족은 너희 동포지?
徒映: 그래. 내가 막 중국에 왔을 때 많은 중국인들이 한국을 남조
선이라고 불렀어.
亦心: 너흰 단일 민족이지? 지금은 분단되어 있고. 너희 왕래는 하니?
徒映: 아주 적어. 너희하고 대만하고의 교류는 많지?
亦心: 우린 전화도 할 수 있고, 편지. 그리고 여행도 할 수 있어.
徒映: 얼마나 좋으니! 우린 생각도 못해. 많은 한국인들의 가슴속
에서 북한은 바로 "신비의 땅"이야.
亦心: 너흰 통일을 원하니?
徒映: 노래 한 곡이 있는데 가사가 이래: "우리의 소원은 통일,
꿈에도 소원은 통일", 충분한 답변이 됐니?

Part 1

亦心: 가족사진 가지고 왔니? 꺼내봐.
徒映: 이 사진 가지고 왔어.

亦心：　너희 도대체 애들이 몇 이야? 이렇게 많아.

徒映：　2남 2녀

亦心：　우린 하나 밖에 못 낳는데. 너흰 산아제한 없니?

徒映：　나라에선 애 낳는 걸 오히려 장려한다. 많은 사람들이 아이
　　　　낳기를 원하지 않아 인구가 점점 줄어들어.

亦心：　우린 아이를 하나 더 낳으면 벌금을 내야 해. 인구가 너무
　　　　많아서 그래.

徒映：　애 낳는 것도 벌금을 내야 하다니. 정말 재밌다.

徒映：　너흰 아이를 하나 밖에 못 낳는다고 들었는데, 넌 어떻게 남
　　　　동생이 있니?

亦心：　부모님이 벌금을 내셨어.

徒映：　예전에 모택동이 "인구가 많으면 힘도 강하다" 했거늘. 지
　　　　금은 애 낳는것도 벌금을 내다니.

亦心：　하이! 결과적으로 인구가 많으니까 문제가 생긴거지. 너희
　　　　나라가 출산장려를 할 때 너도 많이 나서 국가를 위해 공헌
　　　　좀 하지?

徒映：　난 애국을 안 할지언정 아이는 싫어. 아이는 많으면 많을수
　　　　록 고민도 많아지거든.

亦心：　난 벌금을 내더라도 많이 낳을건데.

徒映：　막 슈퍼에서 당신의 남편을 봤어요. 자주 장을 보러 가시나요?

房东：　그럼요. 평소엔 딸을 먼저 데려다주고 장을 보러가요.

徒映：　정말 좋다. 한국 남자들은 아닌데. 난 우리 아빠가 장보는
　　　　것을 한번도 본적이 없어요.

房东：　나도 마침 묻고 싶었는데. 예전에 한국드라마를 보면 뭐든지
　　　　아내들이 다 하던데 이건 너무 공평하지 않아요.

徒映：　예전에 한국 사람들은 유교를 몹시 중시했어요. 남존여비의
　　　　사상이 심했구요.

房东：　어쩐지. 많은 중국인들이 한국남성들을 대장부주의라고들 말해요.

徒映：　네 남자 친구 부엌에서 뭐해?

亦心： 밥해. 거의 다 됐어. 조금 있다 우리 집에서 밥 먹어.
徒映： 가서 안 도와주니?
亦心： 뭘 도와? 이건 저 사람의 일상생활이야. 저 사람이 안 올 때만 내가부엌에 들어가.
徒映： 한국의 노인 분들은 남자가 부엌엔 들어가면 안 된다고들 하셨어.
亦心： 지금이 어느 시댄데, 아직도 그렇게 보수적이야.
徒映： 그래. 근데 변하고 있어. 중국남자들은 아내를 무서워한다며, 얼마나 좋아!
亦心： 그러면 중국 남자와 결혼하지 그러니?
徒映： 아직까지 못 찾았단다.

亦心： 전에 난 한국드라마에 관심이 많았었는데.
徒映： 지금은 흥미를 잃었니?
亦心： 응. 내용이 비슷해. 신데렐라 이야기 아니면 주인공이 불치병에 걸려서 죽고.
徒映： 한때 많은 중국인들이 한국드라마를 좋아했었지.
亦心： 한국 드라마 외에도 한국 상품에 대해 관심이 많지. 내 핸드폰도 한국산이거든.
徒映： 너 예전에 한국 가수 브로마이드 침대 머리맡에 부쳐놨었잖아.
亦心： 벌써 없지. 돌아보면 난 한국의 유행음악을 들으며 큰 것 같아.
徒映： 그러니까 우리가 잘 맞는다니까.

亦心： 내 친구가 곧 한국에 유학가.
徒映： 요즘 많은 중국인들이 한국에서 공부를 하거나 일을 하지.
亦心： 친구는 예전에 한류에 빠졌었어. 이번 결정도 그것과 무관하진 않아. 근데, 한국에서 아르바이트를 할 수 있는지 알고 싶어 해.
徒映： 요즘 한국 사람들 중국어에 관심이 많아. 학원이나 개인지도 다 가능해.
亦心： 음식은 문제없지?
徒映： 문제없지. 학교 부근에 정통 중국식당이 얼마나 많은데.
亦心： 한국에서의 중국인들 생활 점점 편리해지는구나.
徒映： 중국에 한류가 있다면 한국에는 한류가 있단다.
亦心： 우린 민간 외교 방면에서 없어서는 안 될 인물들이지.

제1과

1. ① 中华人民共和国的
   ② 老家
   ③ 有的，有的
   ④ 到处
   ⑤ 提高

제2과

1. ① 你不会被他骗的。
   ② 我的自行车被人骑走了。
   ③ 我被我妈妈吵醒了。
   ④ 我昨天被老师打了。
   ⑤ 申请签证没被批准。
2. ① 年夜饭
   ② 年糕汤
   ③ 生病
   ④ 按照

제3과

3. ① 别致
   ② 开玩笑
   ③ 路上
   ④ 胖
   ⑤ 适合

제4과

4. ① 明清
   ② 迷住
   ③ 宏伟
   ④ 美丽
   ⑤ 真巧

제5과

1. ① 我把这部电影看了三遍。
   ② 你把那本书给我。
   ③ 妈妈把弟弟送到中国去了。
   ④ 我们把这个问题研究一下。
   ⑤ 我把他的衣服弄脏了。
2. ① 尝尝
   ② 聊聊
   ③ 看看
   ④ 散散
   ⑤ 休息休息
3. ① 那么多
   ② 动作
   ③ 练练
   ④ 把，给
   ⑤ 差点

제6과

1. ① 엄마 나를 중국에 가게 해 주세요.
   ② 그가 나한데 당신에게 내일 못 온다고 전해주래요.
   ③ 누가 너더러 놀러 나가라고 했니.
   ④ 선생님은 나에게 영어를 배우라고 하셨어.
   ⑤ 내 차 다른 사람이 몰고 갔다.
2. ① 老师的帮助
   ② 他没迟到
   ③ 你不会我借钱
3. ① 让
   ② 叫
   ③ 要不是
   ④ 经验
   ⑤ 失望

1. ① 才
   ② 就
   ③ 才
   ④ 就
   ⑤ 才
2. ① 看不惯
   ② 走不了
   ③ 吃不下
   ④ 看不完
   ⑤ 买不起
4. ① 不仅，而且
   ② 吃不惯
   ③ 当初
   ④ 中国化
   ⑤ 没，过

1. ① 吃得饱
   ② 看得多
   ③ 写得不太好
   ④ 打得很快
   ⑤ 睡得不好
4. ① 一，就
   ② 既然，那么
   ③ 虽然，可是
   ④ 四大名酒
   ⑤ 体验

1. ① 我，他，十分钟
   ② 奶奶，爷爷，三岁
   ③ 她，我，十块钱

---

   ④ 今天，昨天，2度
3. ① 比
   ② 比起来
   ③ 何必
   ④ 久而久之
   ⑤ 没有

1. ① = 就要下课了，高兴死了！
       = 快下课了，高兴死了！
       = 要下课了，高兴死了！
   ② = 妈妈就要来了，关电视吧。
       = 妈妈快来了，关电视吧。
       = 妈妈要来了，关电视吧。
   ③ = 就要回国了，真难过。
       = 快回国了，真难过。
       = 要回国了，真难过
2. ① 无论你有没有钱，我都喜欢你。
   ② 无论大家都不喜欢听，我也要唱歌。
   ③ 无论你怎样批评我，我也要说。
3. ① 快要，了
   ② 听说
   ③ 讲究
   ④ 而已
   ⑤ 无论，还是

1. ① 刚才
   ② 刚刚
   ③ 刚才
   ④ 刚刚
   ⑤ 刚才
2. ① 下　　　② 中　　　③ 上

3. ① 为的是我们一家人的幸福
   ② 为的是减肥
   ③ 为的是找一个更好的人
4. ① 刚才
   ② 偶尔
   ③ 借用，来
   ④ 刚
   ⑤ 在，中

제 12 과

1. ① 老师回办公室去了。
   ② 我要下楼去了。
   ③ 我们进教室去。
   ④ 我要回韩国了。
4. ① 带来
   ② 到底
   ③ 越来越少
   ④ 宁可，也
   ⑤ 麻烦

제 13 과

1. ① 写完
   ② 放在
   ③ 听到
   ④ 吃光
   ⑤ 做好
3. ① 喝过
   ② 看过
   ③ 打过
   ④ 去过
4. ① 看到
   ② 从来没，过

③ 重男轻女
④ 除非
⑤ 听说

제 14 과

1. ① 对
   ② 关于
   ③ 对
   ④ 关于
   ⑤ 关于
4. ① 对
   ② 关于
   ③ 回头想
   ④ 曾经
   ⑤ 不可缺少

memo

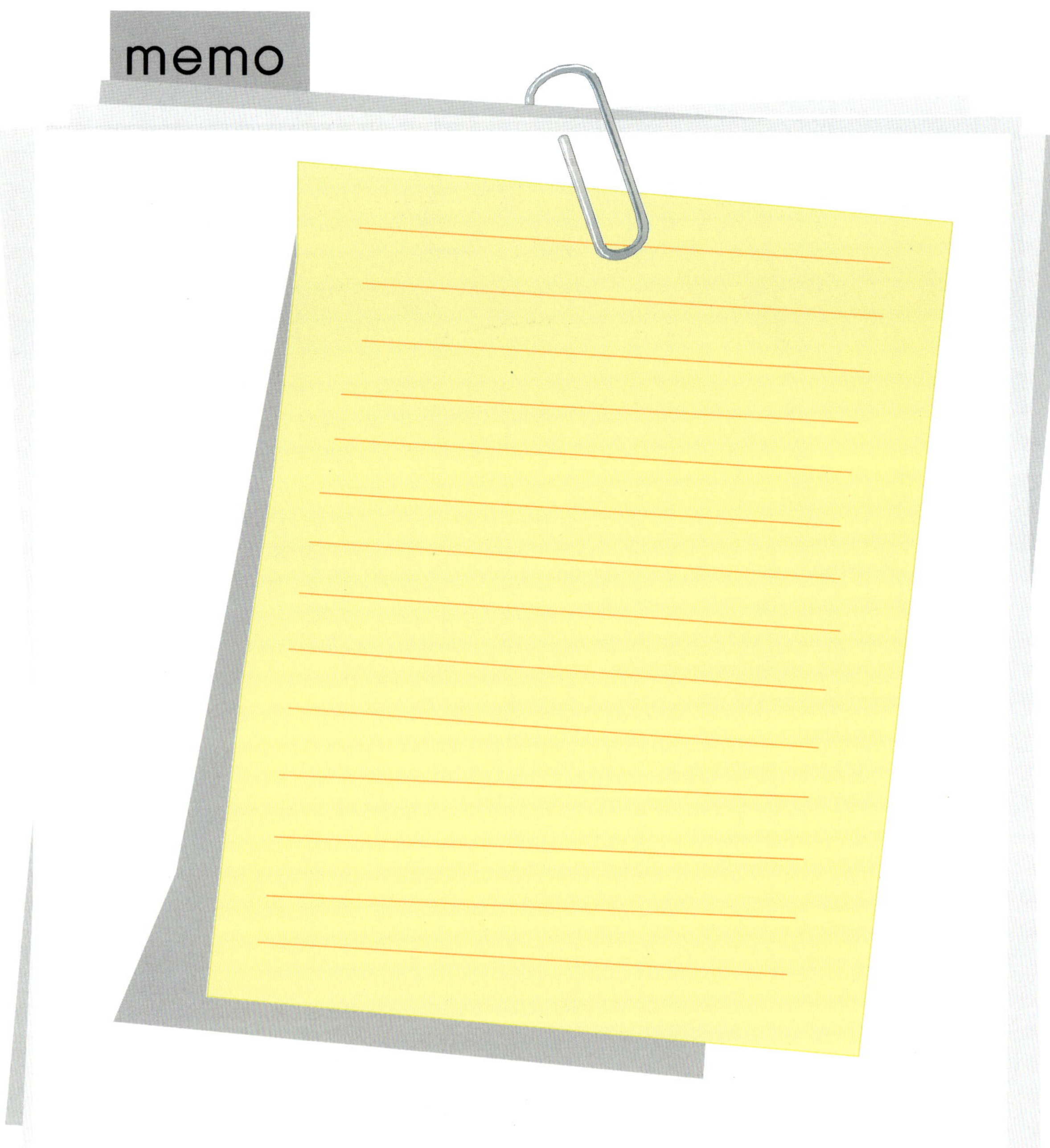